INSTRUCTION

PROVISOIRE

SUR LE TIR

A L'USAGE DES

BATAILLONS DE CHASSEURS A PIED

PUBLIÉE

Par ordre du Ministre de la Guerre

28 NOVEMBRE 1847

PARIS

LIBRAIRIE MILITAIRE DE BLOT,

Quai de la Grève, 58, près la place de l'Hôtel-de-Ville

1854.

INSTRUCTION

PROVISOIRE

SUR LE TIR.

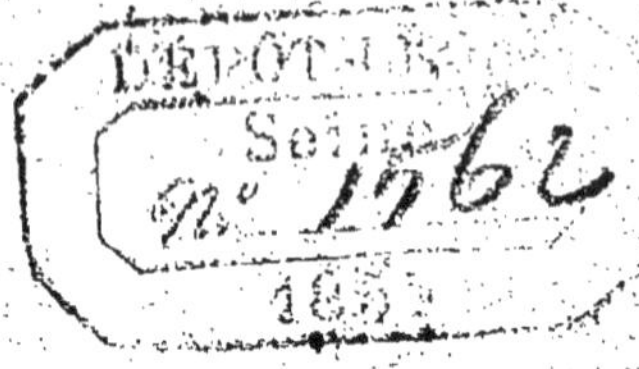

V

42110

INSTRUCTION

PROVISOIRE

SUR LE TIR

A L'USAGE DES

BATAILLONS DE CHASSEURS A PIED

BIBLIOTHÈQUE IMPÉRIALE IMPR.

PUBLIÉE

Par ordre du Ministre de la Guerre

28 NOVEMBRE 1847.

PARIS

LIBRAIRIE MILITAIRE DE BLOT,

Quai de la Grève, 58, près la place de l'Hôtel-de-Ville.

1854.

INSTRUCTION

PROVISOIRE

SUR LE TIR.

TITRE PREMIER.

BASES DE L'INSTRUCTION DE TIR DANS LES BATAILLONS DE CHASSEURS A PIED.

PREMIÈRE PARTIE.

Des Instructeurs et de leurs attributions.

Dans chaque bataillon, l'instruction de tir est placée, comme toutes les autres parties du service, sous la direction supérieure et sous la responsabilité du chef de corps.

Un lieutenant est chargé des fonctions spéciales d'instructeur de tir du bataillon.

Un sous-lieutenant désigné par le chef de bataillon, est adjoint au lieutenant-instructeur. Il aide et remplace, au besoin, cet officier.

Le chef de bataillon ne place le sous-lieutenant adjoint sous les ordres du lieutenant-instructeur que temporairement, quand les besoins du service l'exigent.

Il y a dans chaque compagnie, un sergent-instructeur de tir, et un élève-instructeur du grade de sergent ou de caporal.

L'instruction de tir des jeunes soldats (1) est entièrement confiée au lieutenant-instructeur, qui a sous ses ordres, pour l'aider dans ce service, tous les sergents-instructeurs de tir.

L'instruction de tir des anciens soldats est dirigée, dans chaque compagnie, par le commandant de la compagnie.

Le chef de bataillon exerce, sur toutes les parties de l'instruction de tir, une surveillance constante. Il s'assure que les exercices pratiques sont exécutés conformément aux principes prescrits, que les officiers de tous grades possèdent les connaissances qui leur sont nécessaires pour diriger les sous-officiers, les caporaux et les soldats dans la pratique du tir.

Il contrôle les livrets de tir, et les listes des classes de tireurs.

Il préside une conférence qui a lieu chaque mois, et à laquelle assistent les capitaines. Dans cette conférence, dont le chef de bataillon détermine à temps le sujet et le jour, un capitaine, désigné d'avance par le chef de bataillon, ou cet officier supérieur lui-même, développe les principes qui servent de base à la théorie et à la pratique du tir des carabines à tige.

Le chef de bataillon règle la distribution et l'emploi des munitions, il fixe les jours et heures des séances d'instruction, enfin, il centralise tout ce qui a rapport à l'instruction de tir dans le bataillon.

Le lieutenant-instructeur de tir est chargé de faire sur les carabines à tige, un cours suivi par les lieutenants et les sous-lieutenants. Il fait la théorie du tir à tous les sous-officiers du bataillon et aux caporaux qui sont à même d'en profiter. Il propose au chef de bataillon comme élève-instructeur de tir, un sergent ou un caporal

---

(1) Dans cette Instruction on désigne sous la dénomination de jeunes soldats, les hommes qui n'ont pas encore parcouru la série entière des exercices du tir à la cible, et des feux d'infanterie.

par compagnie. Il est seul chargé de former les sergents et les élèves-instructeurs. Il tient le livret de tir des jeunes soldats et celui du bataillon, il est responsable de la conservation des munitions, de la confection des cartouches sans balles, il répartit d'après les ordres du chef de bataillon, les munitions entre les compagnies. Il assiste à tous les tirs, à tous les feux exécutés par le bataillon, et, chargé d'en constater les résultats, il répond devant le chef de corps, des erreurs qui pourraient être commises, soit dans le relevé des coups ayant touché la cible, soit dans les dimensions du but, soit dans la mesure des distances.

Indépendamment de ces diverses fonctions, et de l'instruction de tir des jeunes soldats, qui lui est entièrement confiée, le lieutenant-instructeur est chargé de surveiller l'entretien et les réparations de l'armement et du matériel de tir. En raison des devoirs nombreux qu'il est obligé de remplir, le lieutenant-instructeur est exempt de tout autre service.

Le sergent-instructeur de chaque compagnie est chargé d'instruire les soldats sous les ordres du lieutenant-instructeur. Il assiste à tous les tirs de sa compagnie, lors même qu'il serait employé à l'instruction des jeunes soldats. Il prend note des balles mises dans la cible par chaque sous-officier, caporal ou ancien soldat. Il tient le livret de tir de sa compagnie. Il surveille, sous la direction des officiers, l'entretien des armes de la compagnie.

Un sergent-instructeur désigné par le chef de bataillon, est chargé de prendre note des balles mises dans la cible par chaque jeune soldat, et d'aider le lieutenant-instructeur dans la tenue des livrets de tir.

Un second sergent-instructeur est mis par le chef de bataillon, sous les ordres du lieutenant-instructeur pour l'aider dans la conservation et dans la distribution des munitions.

Tous les autres sergents de tir sont, chacun à leur tour, de semaine, pour le service du transport, de l'établissement, de l'entretien et des réparations du matériel de tir.

Pendant toute la durée des exercices de tir, les sergents-instructeurs sont exempts du service de place.

DEUXIÈME PARTIE.

Méthode suivie dans l'instruction sur le tir. — Degré d'instruction correspondant au grade.

L'ordre ou la méthode suivie dans cette instruction, résulte de l'analyse des notions diverses qu'il faut posséder et des différentes opérations que l'on doit effectuer, pour obtenir de la carabine à tige, et en général, d'une arme à feu portative, les meilleurs résultats possibles.

Pour que la carabine à tige produise les effets que l'on peut attendre de son feu, il faut :

1° Que le soldat connaisse les différentes parties et les accessoires de la carabine, qu'il sache la démonter, la remonter et l'entretenir convenablement. La 3e partie du titre Ier renferme tout ce qui est nécessaire à cette première base de l'instruction du tir. On devra enseigner aux jeunes soldats, à leur arrivée au corps, tout ce qui est relatif dans cette 3e partie, à la nomenclature, au démontage, au remontage et à l'entretien de leurs armes. Les jeunes soldats seront instruits de ces détails dans leurs compagnies par le sergent-instructeur de tir. Une théorie sur la nomenclature, l'entretien, le démontage et le remontage des carabines, est faite dans chaque compagnie aux caporaux et anciens soldats, par le lieutenant ou le sous-lieutenant de semaine, sous la surveillance du capitaine.

Les officiers s'aident pour cette instruction, des sous-officiers et des caporaux instruits qu'ils emploient comme moniteurs ;

2° Que le soldat exécute régulièrement le chargement de l'arme. L'Ecole du Soldat et l'article 4 de la 3e partie du titre Ier, contiennent tout ce qui est nécessaire pour cet objet ;

3° Que les règles de tir de la carabine soient connues du soldat, c'est-à-dire, qu'il sache de quelle manière il doit diriger son arme, suivant la distance de l'ennemi ;

4° Qu'il soit exercé à estimer les distances, afin de pouvoir appliquer les règles de tir ;

5° Que le soldat sache viser ;

6° Qu'il prenne dans le tir une position qui lui permette :

De viser commodément;
De conserver facilement l'immobilité du corps;
De ne point pencher la hausse et le guidon à droite ni à gauche ;
De supporter le recul ;

7° Qu'en agissant sur la détente pour faire partir le coup, le tireur ne dérange point le canon.

Telles sont toutes les notions théoriques et tous les détails d'exécution, qu'un tireur doit mettre en pratique pour obtenir généralement de la carabine à tige, les meilleurs effets que cette arme comporte.

Si l'on passe en revue les différents détails d'exécution ci-dessus indiqués, on verra que pour y exercer le soldat, il n'est pas nécessaire qu'il tire d'abord réellement; que l'on peut simuler successivement toutes les opérations, tous les mouvements dont se compose le tir, et donner au soldat l'habitude de ces opérations et de ces mouvements, avant de lui faire brûler une seule cartouche à balle.

Ainsi, le soldat apprendra facilement à viser, si l'on a soin de ne l'occuper que de cette seule partie de l'instruction du tir. Il s'habituera vite et facilement aux positions les plus commodes pour le tireur, si pendant quelque temps on ne lui fait faire autre chose que prendre, garder et quitter ces positions. Ayant vaincu séparément ces deux premières difficultés du tir, il parviendra à les vaincre réunies, et saura viser en conservant la position prescrite. Dès lors, on pourra l'amener à faire partir le coup sans déranger l'arme en agissant sur la détente. Le tampon sera mis sur la cheminée pendant cet exercice, et le soldat, pour abattre le chien, sera obligé au même mouvement qu'il ferait, si l'arme était chargée et s'il voulait faire feu. Quand il saura exécuter ce mouvement du premier doigt de la main droite, il sera exercé à l'exécuter en visant et en conservant les positions prescrites.

Parvenu à ce degré d'instruction pratique, le soldat n'aura plus d'autres difficultés à vaincre dans le tir réel, que celles qui proviennent de l'explosion de la cartouche, et du choc de l'arme contre l'épaule au moment de l'inflammation de la charge. Il surmontera ces difficultés d'autant plus facilement, qu'il sera mieux affermi dans la position du tireur, qu'il gardera cette position avec plus d'aisance, qu'il la prendra plus naturellement en vertu de l'habitude acquise.

Pour l'habituer à la détonation, on commencera par le faire tirer avec des capsules seulement, en veillant à ce qu'il conserve l'immobilité de l'arme et la régularité de la position du tireur, tout en visant comme il aura déjà appris à le faire.

Pour s'habituer à l'effet du recul, il devra brûler quelques cartouches sans balles, en se conformant à tout ce qui aura été prescrit et exécuté précédemment.

Telle est la marche naturelle que l'on devra suivre dans l'instruction pratique du tir. Elle amènera le soldat à surmonter, une à une, toutes les difficultés de cette pratique; à devenir un adroit tireur, avant d'avoir tiré une seule fois la carabine chargée à balle.

En joignant à cette instruction pratique l'instruction théorique strictement nécessaire pour que le soldat sache donner à son arme la direction déterminée par la distance du but, on sera certain d'obtenir dans le tir, des résultats bien supérieurs à ceux auxquels on arriverait, si l'on faisait passer les hommes, sans préparation, de l'école du soldat au tir à la cible.

Quand le soldat aura été exercé au tir à la cible, à diverses distances, jusqu'à la limite des portées efficaces de l'arme ; quand il aura acquis l'habitude d'estimer une distance sans commettre de trop grandes erreurs, de tirer sur une cible dont la distance variant à chaque coup de feu, devra être évaluée par lui, il saura se suffire à lui-même lorsqu'on l'enverra en tirailleur contre l'ennemi ; il connaîtra la portée et la justesse de son arme ; il en appréciera toute la puissance.

L'instruction du soldat ne serait pas complète, s'il n'était exercé qu'à tirer isolément. L'exécution des feux de peloton, par rang, et de deux rangs est le complément nécessaire de l'instruction du tireur.

Le soldat doit être accoutumé à la gêne qu'il éprouve dans le rang, aux mouvements de ses voisins, à la fumée qui couvre le front de la troupe, à obéir aux commandements de l'officier qui dirige les feux.

L'exécution des feux de peloton, par rang et de deux rangs, sur des panneaux indiquant les effets de tir, est une instruction nécessaire, surtout aux officiers, qui apprennent dans ces exercices à diriger et à commander le feu, à estimer la valeur relative des différents feux, et à juger de l'importance d'un commandement fait à propos, dans les feux d'ensemble.

Lorsque le jeune soldat connaîtra l'Ecole du Soldat, il commencera les exercices de tir, qui seront menés concurremment avec le reste de son instruction. Il ne sera admis au bataillon, qu'après avoir exécuté tous les articles de la 1re leçon du titre IV. Il ne participera au tir à la cible de sa compagnie qu'après avoir exécuté le tir à la cible et les feux d'infanterie (2e, 3e et 4e leçons du titre IV) dans la classe dirigée par le lieutenant-instructeur de tir.

La série entière des exercices de tir, pourra être parcourue dans une année, par tous les sous-officiers, caporaux et soldats d'un bataillon, sans nuire aux autres parties de l'instruction, et sans entraver les divers services. Elle devra être reprise chaque année par les anciens soldats.

Un tableau placé à la fin du titre IV, indique le nombre de séances de deux heures qu'il faudra consacrer à chaque article des leçons, pour les anciens comme pour les jeunes soldats, et la quantité de capsules, de cartouches à blanc et à balles, que devront consommer les uns et les autres.

Les officiers devront connaître toutes les parties de cette instruction.

Les lieutenants et sous-lieutenants seront exercés à la pratique du tir, par le lieutenant-instructeur, sous la direction et la surveillance du chef de bataillon. Ils passeront par tous les degrés de la pratique du tir, et seront dispensés de répéter ces exercices, lorsqu'ils s'en seront acquittés convenablement.

Les sous-officiers-instructeurs étudieront toutes les parties de cette instruction qui leur sera expliquée par le lieutenant-instructeur de tir. Les autres sous-officiers et les caporaux qui assisteront à la théorie faite par le lieutenant-instructeur, n'auront pas besoin de connaître la partie de l'instruction ayant pour titre : *Notions complémentaires*.

On n'astreindra jamais ceux qui devront étudier la théorie du tir, à réciter littéralement le texte des leçons.

Les sous-officiers prendront part aux exercices de tir de la classe des anciens soldats. Ils ne feront qu'assister à ceux de la 3e et de la 4e leçons du titre IV.

Les sergents-instructeurs tireront à la cible, et concourront pour les prix de tir, avec les autres sous-officiers.

Les clairons participeront à tous les exercices de tir, lorsqu'ils seront dans la classe des jeunes soldats ; dès qu'ils feront partie de la classe des anciens, ils n'exécuteront plus que les exercices des deux premières leçons du titre IV.

TROISIÈME PARTIE.

De la Carabine à tige et de ses accessoires. — Des précautions à prendre pour la démonter, la remonter, la charger et l'entretenir.

ARTICLE PREMIER.

DE LA CARABINE.

La carabine à tige est une arme à canon rayé, dans laquelle la balle de forme oblongue, est *forcée* sur une tige, par le choc de la baguette.

On distingue dans la carabine à tige six parties, qui sont :

1° *Le canon;*

2° *La platine;*

3° *La monture;*

4° *Les garnitures;*

5° *La baguette;*

6° *Le sabre-bayonnette;*

DU CANON.

Le canon en fer est la principale partie de la carabine à tige. Les fonctions du canon sont nombreuses ; elles seront définies à mesure qu'il sera question des diverses parties qui les remplissent.

On remarque dans le canon, l'*âme* qui est le cylindre compris entre les parois internes du canon. L'âme cylindrique, du diamètre de 0 m. 0178, est limitée du côté de la *bouche*, par la *tranche de la bouche*, arrondie extérieurement et intérieurement. A son autre extrémité, l'âme est terminée par la *culasse à bouton fileté*, qui se visse dans la *boîte taraudée*, et qui, comme les parois du canon, résiste à l'expansion des gaz de la poudre.

La partie du canon qui entoure le bouton de culasse et qui contient la charge de poudre, se nomme le *tonnerre*. Le canon se termine du côté de la culasse, par la *tranche du tonnerre*.

L'axe du cylindre de l'âme, est l'*axe* du canon. Cet axe détermine la direction initiale de la balle forcée.

La surface cylindrique de l'intérieur du canon est creusée de *quatre rayures en hélice* au pas de 2 mètres. La largeur de chaque rayure est de 0 m. 007. La profondeur des rayures diminue du tonnerre à la bouche; au tonnerre, elle est de 0 m. 0005, et de 0 m. 0003 seulement, à la bouche. Les rayures font du canon un écrou dont la balle forcée est la vis. La balle chassée par les gaz de la poudre, tourne dans son écrou autour de l'axe du canon. Ce mouvement de rotation que la balle conserve dans son trajet est absolument nécessaire à sa justesse, et, par conséquent, les rayures en hélice, remplissent dans le canon de carabine à tige, une fonction de première importance. Ces rayures diminuent de profondeur du tonnerre à la bouche, afin que la balle, forcée au tonnerre, le soit encore aussi exactement dans les rayures, lorsqu'elle s'échappe de la bouche du canon.

Dans la culasse, on distingue :

1° *Le bouton fileté* qui se visse de droite à gauche, dans la boîte taraudée du tonnerre ;

2° *La tige* en acier, vissée dans le bouton fileté ;

3° *La queue* de culasse.

Dans le bouton fileté, on remarque les filets en hélice et le trou taraudé, destiné à recevoir le bout fileté de la tige.

La tige en acier est trempée à l'extrémité sur laquelle repose la balle dans le forcement. Cette tige est cylindrique ; son diamètre est de 0 m. 009, sa hauteur au-dessus de la culasse de 0 m. 038, sa partie filetée vissée dans la culasse a 0 m. 010 de longueur. Lorque la culasse est vissée dans le tonnerre, l'axe de la tige doit coïncider avec l'axe du canon.

La fonction de la tige est de fournir à la balle un appui central dans le forcement.

La queue de culasse qui sert à fixer le canon sur la monture, présente :

1° *Le talon ;*

2° *Le trou fraisé* de la vis de culasse.

On remarque à l'extérieur, sur le canon de carabine, du côté de la bouche :

1° *Le guidon et son embase.* L'embase du guidon est brasée sur le canon. La fonction du guidon est de fixer par son sommet, l'un des deux points qui déterminent chaque ligne droite employée pour diriger l'arme.

2° *Le tenon de bayonnette, son bouton et sa directrice,* brasés sur le canon. Le tenon sert à fixer le sabre-bayonnette au canon.

Du côté du tonnerre, on voit sur le canon :

1° *La hausse* dans laquelle on distingue :

La planche mobile, en acier, et *le pied* en fer brasé sur le canon. Ces deux pièces sont assemblées par charnière et réunies par *la goupille*, pivot de la charnière.

Dans le pied de hausse est logé *le ressort,* qui maintient la planche lorsqu'elle est dressée ou couchée sur le pied.

A l'une des extrémités du ressort, on remarque *le talon*, à l'autre, *la griffe.*

Dans le pied de hausse, on distingue :

1° *Le logement du ressort;*

2° *La base du talon* de la planche ;

3° Les deux *œils* de la charnière et leurs trous de goupille.

Dans la planche mobile, on distingue les côtés, la partie supérieure, la partie inférieure et la fente.

La partie inférieure porte à son extrémité *le pied* et *le talon* de la planche, *l'œil du pied* et son trou de goupille.

Sur les côtés de la planche est disposé *le curseur*, pièce mobile en acier qui joue sur la planche et qui s'y maintient par son propre ressort.

On distingue dans le curseur, *le cran de mire*, les rebords, le bord inférieur, *les bords latéraux supérieurs*, à hauteur du fond du cran de mire.

L'arrêtoir, petite vis sans tête et sans fente, débordant la planche, retient le curseur sur la hausse.

La fonction de la hausse est de fixer la position des points, qui, conjointement avec le sommet du guidon, déterminent les différentes lignes droites employées pour diriger la carabine.

Ces points sont marqués par *des crans de mire* fixes ou par des *traits*.

Les crans de mire fixes, sont au nombre de trois.

Le premier est entaillé dans le talon de la planche.

Le deuxième au bas de la fente.

Le troisième à la partie supérieure de la planche.

Près des crans de mire et sur les traits sont marqués les chiffres indicateurs des distances de tir.

On remarque encore au tonnerre du canon, *les pans* au nombre de cinq, le pan supérieur, les pans latéraux de droite et de gauche, les deux pans intermédiaires.

La masselotte d'acier, soudée, dans laquelle est pratiquée *le logement taraudé de la cheminée.*

La cheminée en acier destinée à recevoir la capsule.

Dans la cheminée en acier, on distingue *le canal de cheminée* qui aboutit à *la lumière* et qui transmet à la charge de poudre, par la lumière, le feu du jet fulminant de la capsule.

La partie filetée qui se visse dans le logement taraudé ;

L'embase qui repose sur les bords du logement ;

Le carré qui donne prise à la clé destinée à visser et à dévisser la cheminée ;

Le tronc de cône que coiffe la capsule et à l'extrémité duquel se trouve extérieurement *le chanfrein*, intérieurement *la fraisure* de l'entrée du canal.

DE LA PLATINE.

La platine est un mécanisme au moyen duquel la force d'un ressort est employée à faire détonner par percussion, la poudre fulminante d'une capsule.

La platine à percussion de la carabine à tige se compose de dix pièces, qui sont :

Le corps, le ressort, la chaînette, la noix, la vis de noix, la bride, les deux vis de bride, la gâchette, le chien.

Le corps est une pièce en fer cémentée sur laquelle sont assemblées les neuf autres pièces de la platine.

On distingue dans le corps de platine :

1° *Le devant;*

2° *Le derrière ;*

3° *Les trous taraudés* des deux vis de bride, les trous non taraudés de l'arbre de la noix, de la grande vis de platine, des pivots de ressort et de gâchette ;

4° *La fraisure échancrée du derrière;*

5° *L'épaulement du ressort.*

Le ressort en acier est composé de deux branches mobiles.

La grande branche, terminée par *une griffe* fendue, est le moteur du mécanisme de la platine ; par l'intermédiaire de *la chaînette* et de *la noix*, elle imprime au chien, en se débandant, un mouvement de rotation.

La petite branche, sur laquelle on remarque *le pivot* et *le tenon* du ressort, fait fonction de ressort de *gâchette*, c'est-à-dire, qu'elle presse sur *la gâchette* pour la maintenir, ou pour l'engager dans les crans de la noix.

La chaînette est une petite pièce en acier, qui unit par articulation le ressort à la noix.

Elle se compose :

1° *Du corps ;*

2° *Du double pivot* qui la réunit à la noix ;

3° *Du double pivot* qui la réunit à la griffe du ressort.

La noix en acier reçoit du ressort, par l'intermédiaire de la chaînette, un mouvement de rotation qu'elle communique au chien.

On distingue dans la noix :

Le corps qui comprend *le cran du bandé ou du départ, le cran de sûreté, l'entaille de la chaînette, l'embase, le talon* qui, en s'appuyant contre un des *cylindres* de *la bride*, limite le mouvement de la noix, lorsqu'on arme.

Le cran du bandé ou du départ est celui qui règle la tension du ressort et qui fixe la position d'où le chien s'abat pour frapper sur la capsule.

Le cran de sûreté a pour fonction de prévenir les dangers qui résultent d'une percussion accidentelle exercée sur la capsule.

La détonnation accidentelle de la capsule et l'inflammation de la charge qui en résulte, pourraient avoir lieu de plusieurs manières, si l'arme étant chargée, on laissait le chien abattu sur la capsule, et si la noix était dépourvue d'un cran de sûreté.

Par exemple, l'arme faisant partie d'un faisceau, ou étant portée par le soldat, peut tomber, et dans cette chute, la tête du chien abattu peut exercer sur la capsule une pression suffisante pour la faire détonner. Lorsque le tirailleur marche dans un fourré, une branche peut relever le chien et le laisser retomber sur la capsule, d'assez haut pour qu'il la fasse partir.

Le cran de sûreté prévient tous ces accidents *pourvu que le soldat ait le soin de mettre le chien à ce cran, toutes les fois que l'arme chargée ne doit pas faire feu immédiatement.* En effet, la position du cran de sûreté a été calculée de telle manière que le chien placé à ce cran, venant à s'abattre, ne fît jamais partir une capsule de guerre.

Dans une chute accidentelle de l'arme chargée, si le chien est au cran de sûreté, il ne touchera point la capsule, et, par conséquent, ne lui transmettra point le choc qu'il aura pu recevoir. Le chien au cran de sûreté garantira la capsule d'un choc dans la chute de l'arme.

Si la détente, malgré la protection du pontet, est accidentellement mise en action et que le chien soit au cran de sûreté, le chien s'abattra, mais il ne fera pas détonner la capsule.

Si le chien, placé au cran de sûreté, est relevé par une cause accidentelle quelconque, il arrivera de deux choses l'une : il sera relevé jusqu'au point où le bec de gâchette s'engage dans le cran du bandé, et alors il restera à ce cran, ou bien, il ne sera pas relevé aussi haut et retombera ; dans ce cas, la gâchette n'étant soumise qu'à l'action de son ressort, frottera contre la noix et s'engagera dans le cran de sûreté ; le chien sera donc remis au cran de sûreté.

On distingue encore dans la noix, ***l'arbre*** qui traverse le corps de platine, *le pivot* qui s'engage dans la bride. L'arbre et le pivot sont deux cylindres de diamètres différents, mais ayant le même axe autour duquel la noix et le chien tournent dans leur mouvement commun.

L'arbre de la noix déborde légèrement la face plane extérieure du corps de platine, et se termine par *le six-pans* qui se loge dans le trou à six-pans pratiqué dans le corps du chien.

Le six-pans de la noix est percé suivant l'axe de la noix, d'un trou taraudé destiné à recevoir le bout fileté de la vis de noix.

La vis de noix fixe le chien sur le six-pans et contre l'arbre de la noix.

La bride de noix est une pièce en fer cémentée, destinée à servir de support aux pivots de la noix et de la gâchette.

On distingue dans la bride :

1° *Le corps* dans lequel sont percés les trous des pivots de la noix et de la gâchette ;

2° *Les deux cylindres* par l'extrémité desquels la bride

s'appuie sur le corps de platine. Ces deux cylindres sont percés chacun d'un trou pour le passage des *vis de bride.*

Les deux vis de bride fixent la bride contre le corps de platine. La vis supérieure se distingue de l'autre, par un coup de pointeau marqué sur la tête.

La gâchette en acier laisse agir le ressort ou en suspend l'action, suivant qu'on la dégage des crans de la noix, ou qu'on l'engage dans l'un de ces crans.

On distingue dans la gâchette :

1° *Le corps ;*

2° *Le pivot ;*

3° *Le bec* qui engrène avec les crans de la noix ;

4° *La queue* qui reçoit l'action de la détente.

Le chien, pièce en fer cémentée, fait l'office de marteau dans la percussion.

On y distingue :

1° *Le corps* et son trou à six-pans.

2° *La tête fraisée* qui frappe sur la cheminée, entoure la capsule et en arrête les éclats au moment de la détonation.

3° *La crête quadrillée* par laquelle on saisit le chien pour le soutenir en l'abattant sur la cheminée, ou pour le mettre à l'un des deux crans.

DE LA MONTURE.

La monture est une pièce en bois de noyer, sur laquelle toutes les autres parties de l'arme sont réunies, fixées et disposées suivant les exigences du tir et du maniement d'arme.

On distingue dans la monture :

1° *Le fût*, qui est la partie dans laquelle est logé le canon. On y remarque le logement du canon, le canal de la baguette, *l'embase* de la grenadière, *les encastrements des ressorts d'embouchoir et de grenadière*, le logement du *ressort de baguette*, les trous des goupilles de ces trois ressorts, l'encastrement de *la rosette* (écrou de la vis de platine), les trous des vis de platine et de culasse.

Le fût se termine du côté du tonnerre par le logement de la queue de culasse dont l'entrée forme *les oreilles* du bois ;

2° *La poignée* par laquelle on saisit et manie facilement la carabine. On remarque sur la droite de la poignée l'encastrement de la platine qui se prolonge sur le fût ; au-dessous de la poignée, l'encastrement de *l'écusson* qui est aussi creusé en partie dans le fût et qui se prolonge jusqu'à la crosse, le trou de *la vis à bois crochet* de platine ;

3° *La crosse* que l'on appuie à l'épaule dans le tir.

On y distingue *le busque* qui raccorde la crosse avec la poignée, le trou de la vis à bois de sous-garde, l'encastrement de l'embase du *battant de crosse*, les deux trous des vis à bois du battant, l'encastrement du devant de *la plaque de couche*, les deux trous des vis à bois de cette pièce, les deux angles de l'extrémité de la crosse ; l'un de ces angles se nomme *le bec*, c'est celui qui est du côté de *la sous-garde ;* l'autre se nomme *le talon.*

DES GARNITURES.

Les garnitures sont des pièces en fer ou en acier, différentes par leurs formes et par leurs fonctions, mais qui servent généralement à relier entre elles les parties principales de l'arme et à renforcer la monture.

Les garnitures sont :

1. *L'embouchoir* qui relie le canon et l'extrémité du fût.

On distingue dans l'embouchoir :

1° *L'entonnoir* qui aboutit à l'entrée du canal de la baguette ;

2° *La fente* qui livre passage au tenon de la bayonnette et au guidon, lorsqu'on ôte ou qu'on place l'embouchoir ;

3° Le trou du pivot *du ressort d'embouchoir* ;

4° *Les coulisses* qui reposent sur les bords de la monture ;

5° *Le bec*.

2. *Le ressort d'embouchoir* en acier, fixé dans le bois par sa goupille ; il porte à son extrémité un pivot qui entre dans le trou de l'embouchoir, et qui maintient cette garniture en place.

3. *La grenadière* qui relie le fût et le canon, et qui porte l'un des battants dans lesquels passe la bretelle.

On distingue dans la grenadière :

1° *Les coulisses* ;

2° *Le bec* ;

3° *Le pivot du battant* ;

4° *Le battant, son rivet, son anneau, les rosettes* de l'anneau.

4. *Le ressort de grenadière*, en acier, fixé dans le bois par sa goupille.

On y remarque *l'épaulement* qui retient la grenadière sur son embase.

5. *Le ressort de baguette* qui maintient la baguette dans le canal.

On y remarque :

1° *Le cuilleron* ;

2° *Le pontet*, encastrement de la goupille.

6. *La goupille du ressort de baguette* qui maintient le ressort dans son logement.

7. *La rosette*, écrou de la vis de platine.

La sous-garde, assemblage de *l'écusson*, du *pontet* et de *la détente*.

8. L'écusson renforce la poignée, il porte la détente et le pontet, il forme par une de ses parties le fond du canal de la baguette, par une autre, il sert d'écrou à la vis de culasse.

On distingue dans l'écusson :

1° *Le taquet* et sa fraisure qui reçoit le bout de baguette ;

2° *Le trou taraudé* de la vis du pontet ;

3° *La bouterolle*, partie renforcée et percée du trou taraudé de la vis de culasse ;

4° *Les ailettes* qui servent de support à la vis du pivot de la détente ;

5° *La fente* dans laquelle passe la détente ;

6° *La mortaise* du crochet à bascule du pontet ;

7° *Les deux élévations* qui donnent prise à la main saisissant la poignée ;

8° *Le trou fraisé* de la vis à bois.

9. *La vis à bois* de sous-garde qui fixe l'écusson à la monture.

10. Le pontet, pièce destinée à garantir la détente des chocs accidentels.

On y remarque :

1° *Le corps ;*

2° *Le crochet à bascule ;*

3° *Le nœud et son trou* par lequel passe la vis.

11. *La vis du pontet.*

12. *La détente*, levier coudé et à pivot, destiné à transmettre l'action du doigt à la gâchette.

On distingue dans la détente :

1° *Le corps* ou *la planche ;*

2° *La touche* recourbée.

13. *La vis de détente*, pivot fixe, soutenue par les ailettes de l'écusson.

14. *Le battant de crosse* ayant la même destination que le battant de grenadière.

Le pivot du battant de crosse est porté par une embase percée de deux trous par lesquels passent les vis à bois.

On distingue dans le battant de crosse comme dans celui de grenadière, *le rivet*, *l'anneau* et ses *rosettes*.

15 et **16**. *Les deux vis à bois* du battant de crosse.

17. *La plaque de couche* qui garantit la base de la crosse des chocs qu'elle éprouve dans le service.

On distingue dans la plaque de couche :

1° *Le devant*, son trou fraisé ;

2° *Le dessous*, son trou fraisé ;

3° *Le talon* qui garnit le talon de la crosse;

4° *Le bec* qui garnit le bec de la crosse.

18 et **19**. *Les deux vis à bois* de la plaque de couche.

20. *La vis de culasse*, en acier, qui relie le canon, l'écusson et la monture.

21. *La vis de platine*, en acier, qui relie le devant de la platine à la monture.

22. *La vis à bois crochet de platine*, en acier, sous la tête de laquelle le derrière de la platine est maintenu.

Toutes les vis à bois sont en fer, à l'exception de la vis-crochet de platine ; toutes les autres vis sont en acier.

On distingue en général dans les vis, la tête et sa fente, la tige et ses filets.

La vis à bois crochet de platine est la seule qui, au lieu d'une fente, ait deux trous percés sur la tête. Cette vis ne doit jamais être enlevée par le soldat.

Les têtes des vis à bois sont en gouttes de suif, celles de toutes les autres vis sont plates.

DE LA BAGUETTE.

La baguette en acier sert à introduire la balle dans le canon, à la forcer sur la tige, à laver, essuyer et graisser l'intérieur du canon, à retirer dans certains cas la balle forcée et les corps étrangers qui pourraient intercepter la communication du feu.

On distingue dans la baguette :

1° *La tête*, partie importante de l'arme, sa *fraisure*, de forme conique, les bords de la fraissure, le trou destiné à recevoir la *broche ;*

2° *La tige ;*

3° *Le bout fileté.*

DU SABRE-BAYONNETTE.

Le sabre-bayonnette fixé au bout du canon, fait de la carabine une arme de main.

Le sabre-bayonnette se compose de trois parties principales : *la monture, la lame* et *le fourreau.*

On distingue dans la monture :

1° *La poignée à cordons* en laitons.

Son *pommeau* et son *bec ;*

La rainure dans laquelle s'engage le tenon ;

Le logement du *ressort* et du *bouton;*

2° *Le ressort* en acier et son *rivet* qui traverse la poignée ;

3° *Le bouton,* son *entaille,* son *arrêtoir* qui s'engage sous le tenon et fixe le sabre-bayonnette au canon. Le bouton est en contact avec l'extrémité du ressort. En pressant sur le bouton, on bande le ressort, on dégage l'arrêtoir et on livre passage au tenon, lorsqu'on veut ôter la bayonnette ;

4° *La croisière* en fer, *sa branche, son quillon, la douille du quillon* qui entoure le bout du canon.

On distingue dans la lame en acier, à deux courbures, en forme de yatagan :

1° *La soie* qui réunit la lame à la monture. La soie traverse la croisière et la poignée ; elle est rivée sur le pommeau. Elle est, en outre, maintenue par un rivet fixé sur les côtés de la poignée ;

2° *Le talon* par lequel la lame s'appuie contre la croisière ;

3° *Le dos* légèrement arrondi ;

4° *Les pans creux* évidements pratiqués des deux côtés de la lame ;

5° *Le tranchant ;*

6° *Le biseau*, partie de la lame, tranchante du côté du dos ;

7° *La pointe.*

Dans le fourreau en tôle d'acier, on remarque :

1° *Le dos ;*

2° *Le devant ;*

3° *Le bouton ;*

4° *Le pontet ;*

5° *La cuvette, ses battes* et *ses clous rivés.*

Longueur de la carabine, mesurée de la pointe de la bayonnette à l'extrémité de la crosse, 1 m. 835.

Longueur de la lame de bayonnette, mesurée à partir de la bouche du canon, 0 m. 572.

Longueur du canon, mesurée de la tranche du tonnerre à celle de la bouche, 0 m. 868.

Poids de la carabine et de sa bayonnette, 5 k. 040.

Poids du sabre-bayonnette, 0 k. 775.

ARTICLE II.

ACCESSOIRES DE LA CARABINE A TIGE.

Chaque soldat, pour entretenir sa carabine, pour la démonter et la remonter, doit être muni de divers objets qui constituent les accessoires de l'arme.

Parmi ces objets, on compte en première ligne les six accessoires principaux de la carabine, qui sont :

Le lavoir et *le chasse-noix* vissé dans la tête du lavoir.

Le tire-balle et *la broche* vissée dans la tête du tire-balle.

La lame de tourne-vis engagée dans dans son *manche.*

Le lavoir est employé, comme son nom l'indique, dans le lavage du canon, il sert aussi pour en essuyer et graisser l'intérieur.

On distingue dans le lavoir :

1° *La tête*, son trou taraudé, dans lequel se visse le bout fileté de la baguette ;

2° *Les branches dentelées* entre lesquelles on replie le linge ;

3° *Le trou oblong* placé au-dessous de la tête et dans lequel on passe le linge avant de le replier entre les branches. Ce trou peut, en outre, recevoir une broche.

Le chasse-noix sert par son petit bout à chasser la noix lorsqu'on démonte la platine ; il fait, en outre, fonction de *bourre-noix* par sa tête et de *broche* par son corps.

On distingue dans le chasse-noix :

1° *La tête* ou *le cube*, le trou du bourre-noix ;

2° *Le corps ; les filets ;*

3° *Le petit bout.*

Le tire-balle sert à extraire les balles forcées, il remplit en même temps les fonctions de *tire-bourre.*

On remarque dans le tire-balle :

1° *La tête*, son trou taraudé, dans lequel se visse le bout fileté de la baguette.

2° *Les trois dents, leurs pointes, leurs échancrures* arrondies, *les chanfreins* pratiqués au fond des échancrures dans l'intérieur du tire-balle.

3° Le trou percé pour le passage d'une broche.

Dans la broche du tire-balle, on remarque *le bout fileté* qui se visse dans le trou taraudé de la tête, du côté interne.

Le tourne-vis qui se compose d'une lame et d'un manche, est employé pour serrer et desserrer les vis.

On distingue dans la lame le gros et le petit bout, qui s'engagent, l'un dans la fente des grandes vis, l'autre dans celles des petites.

On distingue dans le manche :

1° *Le bois* creusé pour recevoir la lame, *les pans*, qui, par leurs angles, empêchent la main de tourner;

2° *La virole* en fer;

3° *La rondelle* en acier, son trou et ses deux fentes en croix; la grande fente dans laquelle on passe la lame, pour la loger dans le manche, la petite fente dans laquelle on encastre la lame lorsqu'on veut se servir du tourne-vis.

Les six accessoires principaux réunis deux à deux, doivent être renfermés dans le compartiment de la giberne qui leur est destiné, afin que le soldat les ait sous la main en toutes circonstances. Une petite courroie en cuir, cousue à l'extrémité du compartiment, la plus rapprochée du corps, maintient les six accessoires en place, lorsqu'ils ont été disposés dans le compartiment de la manière suivante :

On met d'abord du côté du corps du soldat, le tire-balle et sa broche, la broche au fond. On place au milieu le manche de tourne-vis, la virole en dessus; on engage ensuite du côté extérieur, le lavoir, la tête en dessus; on rabat la courroie de telle sorte que son trou corresponde au trou taraudé de la tête du lavoir; on engage alors le chasse-noix dans le trou de la courroie, et dans celui de la tête du lavoir; on visse le chasse-noix dans le lavoir, de manière à serrer la courroie entre la tête du chasse-noix et celle du lavoir; on engage le lavoir à fond, en pressant sur la tête du chasse-noix.

Le compartiment de la giberne destiné aux accessoires, doit être au milieu des deux autres réservés aux cartouches.

Les gibernes du nouveau modèle en usage dans l'infanterie, se prêtent très-bien à l'arrangement des accessoires.

Indépendamment des six pièces principales dont il vient d'être question, le soldat doit avoir :

Deux *cheminées* de rechange qui ne sont délivrées que lorsqu'on entre campagne.

Un *bouchon de canon*, pour empêcher l'introduction de l'humidité, de la pluie et de la poussière dans le canon.

Un *tampon* en nerf de bœuf, destiné à recouvrir la cheminée, et à la préserver du choc du chien dans l'exécution des feux à blanc.

Deux *petites boîtes* en fer-blanc; l'une, pour la graisse, l'autre, pour le cirage employé dans l'entretien d'une partie de l'équipement.

Une *petite brosse douce à manche*.

Une *pièce grasse*, morceau de drap carré, de 15 à 20 centimètres de côté.

Un *morceau de vieux linge*.

Des *curettes de bois tendre*.

Il existe, en outre, certains accessoires d'un usage peu fréquent qui sont confiés au caporal pour le service de son escouade. Ces accessoires sont le *monte-ressort* et *la clé de cheminée*.

On distingue dans le monte-ressort :

1° *Le corps*, *sa griffe*, *l'entaille de la griffe*, *sa fente* dans laquelle joue la petite vis, son trou taraudé, destiné à recevoir la grande vis.

2° *La barette*; son *trou taraudé* dans lequel s'engage la petite vis, *son crochet*, *sa patte*;

3° *La grande vis*;

4° *La petite vis*.

On remarque dans la clé de cheminée :

Le manche en bois.

La clé proprement dite et son trou carré, *la virole*, *la rondelle* sur laquelle est rivée la soie de la clé.

PRÉPARATION DE LA GRAISSE.

On prendra un demi-kilogramme d'huile d'olive de bonne qualité, un quart de kilogramme de graisse de mouton; on fera fondre la graisse, on la fera passer à travers un linge d'un tissu un peu serré, et on la mêlera, immédiatement après, avec l'huile. On obtiendra une espèce de pommade qu'on recouvrira avec soin pour la préserver de la poussière.

Composition du cirage employé dans l'entretien de l'équipement. (Décision ministérielle du 7 mars 1838.)

Pour cinq kilogrammes, quantité suffisante à l'entretien des effets d'une compagnie, pendant un an :

Cire jaune.	1k.	500
Cire blanche pour mitiger l'effet de la cire jaune qui est trop grasse.	0	500
Essence de térébenthine.	3	750
Noir d'ivoire.	0	500
Arcanson (espèce de résine employée pour obtenir un plus beau lustre).	0	062
	6	312

PRÉPARATION DU CIRAGE.

On râpe toute la cire, on la met dans un pot, et l'on verse dessus assez d'essence pour qu'elle en soit couverte entièrement. On réduit ensuite l'arcanson en poudre, et on le soumet, dans un autre vase, à une préparation semblable à celle qu'a subie la cire; on couvre les deux vases pour que l'essence ne s'évapore pas et on laisse reposer pendant vingt-quatre heures. Au bout de ce temps, on réunit dans un seul vase les deux dissolutions, on y ajoute le noir d'ivoire, et l'on remue le tout avec une spatule, en versant de l'essence peu à peu, jusqu'à ce que le mélange soit complet. On obtient ainsi une espèce de pommade assez liquide pour être employée facilement.

Pour en faire usage, on l'étend en petite quantité, sur toutes les parties de l'équipement que l'on veut cirer; on laisse évaporer l'essence pendant 25 minutes; on frotte ensuite avec un morceau de drap fin et très-propre, en ayant soin de le conduire toujours dans le même sens; de cette manière, on obtient, sans beaucoup de peine, un très-beau lustre.

ARTICLE III.

DÉMONTAGE ET REMONTAGE DE LA CARABINE.

Pour éviter les dégradations de la monture, dans le démontage et le remontage de la carabine, il faut, toutes les fois que l'on se sert du tourne-vis, donner à l'arme la plus grande fixité, et agir avec le tourne-vis dans la position où la main risque moins de le faire glisser, et où l'on peu suivre plus facilement de l'œil les mouvements de la lame.

Pour démonter la carabine, on enlève les pièces dans l'ordre suivant :

1° La baguette;

2° La grande vis de platine;

3° La platine;

4° L'embouchoir;

5° La vis de culasse;

6° La grenadière;

7° Le canon.

Pour remonter la carabine, on place le canon le premier, en second lieu, la grenadière, et ainsi de suite jusqu'à la baguette.

Les sept pièces ou parties de l'arme, dont l'ordre de démontage et de remontage est donné ci-dessus, sont celles qu'il est nécessaire d'enlever le plus fréquemment.

On ôte souvent la baguette, l'embouchoir, la vis de culasse, la grenadière et le canon, sans enlever la platine et sa grande vis qui ne devront être séparées du bois que dans le cas où la platine aurait besoin d'être nettoyée ou visitée à l'intérieur.

Parmi les autres pièces de la carabine, il en est que l'on nettoie toujours en place, et que le soldat ne doit jamais enlever. Telles sont : la goupille, la planche, le ressort et le curseur de la hausse, la culasse, la cheminée, la plaque de couche, les ressorts de garniture, la vis-crochet de platine, et le battant de crosse.

La rosette, écrou de la vis de platine, ne doit être enlevée par le chasseur que dans le cas où il ne pourrait la nettoyer en place.

La sous-garde et la platine ne doivent être démontées et nettoyées à fond intérieurement que par l'ordre d'un officier ou du sergent-instructuer de tir, et en présence d'un sous-officier.

Lorsqu'on devra enlever et démonter la sous-garde, la vis de culasse et la bretelle ayant été ôtées, le démontage se fera dans l'ordre suivant :

1° La vis du pontet ;

2° Le pontet ;

3° La vis de sous garde ;

4° L'écusson ;

5° La vis de détente ;

6° La détente ;

Pour remonter la sous-garde, on commencera par la détente, on continuera par la vis de détente, et ainsi de suite, jusqu'à la vis du pontet.

Lorsqu'on devra démonter la platine, on enlèvera les pièces dans l'ordre suivant :

1° Le ressort ;

2° Les deux vis de bride ;

3° La bride ;

4° La gâchette ;

5° La vis de noix ;

6° }
7° } La noix et le chien ;

8° La chaînette.

Pour remonter la platine, on commencera par la chaînette, on continuera par la noix et le chien, et ainsi de suite jusqu'au ressort.

Le chasseur, dans la position qu'il prendra le plus fréquemment pour démonter ou remonter son arme, tiendra la carabine de la main gauche, le bout du canon reposant sur le bois, ou sur un chiffon plié en quatre, la crosse appuyée contre l'épaule gauche. Cette manière de placer l'arme est dénommée *position* n° 1.

On ne mentionnera dans cette instruction que les pièces qui, pour être enlevées ou remises en place, offrent quelques difficultés.

A mesure que l'on enlèvera les différentes pièces, on aura soin de les mettre en ordre, afin de ne pas les égarer.

Pour ôter la grande vis de platine, prendre la position n° 1, la sous-garde du côté du corps, l'arme maintenue fortement par la main gauche, dont la paume servira d'appui à la rosette, détourner la vis avec le tourne-vis, et la retirer avec la main.

Pour ôter la platine, mettre le chien au bandé, prendre la position n° 1, la sous-garde du côté du corps, la main gauche serrant la poignée, l'extrémité des doigts maintenant un peu le derrière de la platine, saisir le chien de la main droite, faire pivoter la platine autour de sa vis-crochet, enlever la platine et mettre le chien à l'abattu. Pour mettre le chien à l'abattu, tenir le derrière de la platine de la main gauche, appuyer sur la queue de gâchette, avec le pouce de la main droite, les deux premiers doigts de la même main entourant la crête du chien pour ralentir son mouvement.

Pour ôter la rosette, enfoncer la grande vis de platine

dans son trou, pousser doucement et droit avec cette vis, la rosette hors de son encastrement.

Pour ôter la vis du pontet, prendre la position nº 1, la rosette du côté du corps, la main gauche à la poignée, détourner la vis et la retirer.

Pour ôter le pontet, le faire pivoter autour de son crochet à bascule.

Pour ôter l'embouchoir, placer l'arme debout, la crosse à terre, la fente de l'embouchoir du côté du corps. Presser le ressort avec le pouce de la main gauche, les autres doigts entourant le canon et le fût, soulever l'embouchoir de la main droite, à pleine main, l'élever lentement jusqu'au-dessous du tenon, lui faire faire un quart de révolution, pour que la fente livre passage au tenon, l'élever ensuite lentement jusqu'à hauteur du guidon, faire faire à l'embouchoir un second quart de révolution, pour que la fente livre passage au guidon.

Pour ôter la vis de culasse, prendre la position nº 1, la platine du côté du corps, la main gauche serrant la poignée et appuyant sur le pontet, détourner la vis et l'enlever.

Pour ôter la grenadière, placer la carabine, le talon de la crosse à terre, le fût sous le bras droit, presser le ressort avec le pouce de la main droite, soulever la grenadière avec la main gauche à pleine main.

Pour ôter le canon, placer la carabine dans la main gauche sans serrer la main, la sous-garde en dessus, la hausse couchée dans la paume de la main gauche, la bouche du canon vers la terre, frapper avec la main droite sur la poignée jusqu'à ce que le canon se dégage de son canal, frapper, si cela ne suffit pas, quelques petits coups du bout du canon sur du bois, la main droite à la poignée, la main gauche soutenant toujours la carabine.

Pour ôter la vis de sous-garde, prendre la position nº 1, la rosette du côté du corps, la main gauche entourant la poignée et touchant le pontet, détourner la vis et la retirer.

Pour ôter l'écusson, engager le crochet du pontet dans sa mortaise et agir par petits mouvements de bascule; si l'écusson tient trop fortement, engager la vis de culasse dans son trou, et la pousser sans la faire tourner.

En plaçant la grenadière, il ne faut pas oublier que le bec doit se trouver du côté de la bouche du canon.

En mettant la vis de culasse, on aura soin d'appuyer fortement avec la main gauche, la sous-garde sur le bois, pour que les filets de la vis s'engagent bien dans le taraudage de l'écusson. Sans cette précaution le taraudage serait promptement détérioré. La vis de culasse doit toujours être bien serrée à fond, pour que le recul du canon dans le tir, n'occasionne pas des fentes dans le bois.

Pour placer la platine, il faut mettre le chien au cran du bandé, disposer la détente pour qu'elle laisse l'entrée libre à la queue de gâchette, engager l'échancrure de la queue de platine sous la tête de la vis-crochet, faire pivoter la platine et la mettre à fond dans son encastrement. Dès que la grande vis de platine est serrée, mettre le chien à l'abattu.

Dans le démontage de la platine, pour enlever le ressort, mettre le chien à l'abattu, placer l'épaulement dans l'entaille de la griffe du monte-ressort, la barrette sur la grande branche, le crochet à la jonction des deux branches. Tourner la grande vis du monte-ressort très-lentement, et juste autant qu'il le faut pour pouvoir dégager la chaînette, faire ensuite tourner le ressort autour de son pivot pour l'enlever en faisant effort perpendiculairement à la face du corps de platine, desserrer lentement la vis du monte-ressort pour dégager le ressort.

Pour enlever les vis de bride, tenir la platine dans la main gauche.

Pour enlever la bride, si elle ne peut être ôtée avec les doigts, enlever la vis de noix, chasser la noix, séparer ensuite la bride de la noix, et s'il y a lieu, de la gâchette.

Pour enlever la noix et le chien, engager le chasse-noix dans le trou de la vis de noix, l'y maintenir de la main gauche, et frapper sur le cube à petits coups avec le manche du tourne-vis.

Dans le remontage de la platine, pour remettre la chaînette, tenir la noix entre le pouce et les premiers doigts de la main gauche, le logement de la chaînette à droite, le six-pans du côté du corps. Saisir la chaînette avec le pouce et le premier doigt de la main droite, engager dans son logement le double pivot le plus court, de telle sorte que la plus courte partie de l'autre pivot soit du côté du corps.

Pour mettre la noix et le chien, placer la face interne du corps de platine sur le chien, la crête abaissée autant que possible du côté du derrière de la platine, le trou de l'arbre de la noix au-dessus du six-pans du chien, engager le six-pans de la noix dans le trou de l'arbre, et dans le six-pans du chien, en ayant soin de tenir l'extrémité du talon de la noix, à hauteur du trou de la vis inférieure de bride; engager le pivot dans le trou du bourre-noix et frapper à petits coups sur le cube, avec le manche du tourne-vis.

Pour mettre le ressort, placer le tenon dans l'entaille de la griffe du monte-ressort, la barrette sur la grande branche, le crochet à la jonction des deux branches. Avoir soin que la grande branche déborde un peu la barrette sur toute sa longueur, et que la petite déborde de même un peu l'extrémité de la griffe; serrer légèrement la grande vis du monte-ressort pour maintenir le ressort. Engager ensuite le pivot à fond dans son trou, en frappant sur le ressort, si cela est nécessaire, avec le manche du tourne-vis; placer l'épaulement dans l'entaille de la griffe, le derrière de la platine dans la main gauche, le pouce pressant sur la griffe, les deux premiers doigts de la même main placés sous la platine, et appuyant par leurs extrémités sur la barrette. Tourner lentement la grande vis du monte-ressort avec la main droite. Cesser de tourner dès qu'il est possible d'engager la chaînette dans la griffe du ressort; faire tomber la chaînette dans cette griffe; dévisser lentement le monte-ressort, tant que le pivot de la chaînette n'est pas entièrement engagé dans la griffe du ressort.

En mettant les vis de bride, avoir soin de placer, dans le trou supérieur, la vis marquée d'un coup de pointeau sur la tête.

ARTICLE IV.

PRÉCAUTIONS A PRENDRE DANS LE CHARGEMENT DE LA CARABINE A TIGE.

Après avoir mis la capsule et passé l'arme à gauche, le chasseur tenant l'arme de la main gauche, l'axe du canon vertical, prend la cartouche (1) de la main droite, tire le papier engagé dans l'étui, après avoir mordu le bout qui déborde; il déchire ensuite le papier avec les dents, le plus près possible du carton, en tournant la main qui tient la cartouche; il verse la poudre, retourne la cartouche, engage la balle dans le canon jusqu'à la naissance de l'ogive. Le chasseur tenant l'étui de la main droite, les ongles en dessous, rompt le papier de l'enveloppe d'un seul coup, en renversant la main, sans soulever la balle; il tire ensuite la baguette, coiffe l'ogive avec la fraisure, et après avoir enfoncé la balle, jusqu'à ce qu'elle repose sur la tige, il la force par trois coups de baguette.

Le forcement régulier de la balle est une des conditions essentielles de la justesse du tir des carabines à tige. Si la balle n'est point suffisamment forcée dans les rayures, elle ne prend pas le mouvement de rotation normal qui est la principale cause de sa justesse. Si, au contraire, le forcement est exagéré, c'est-à-dire, si l'on donne un trop grand nombre de coups de baguette, ou des coups trop fortement appliqués, on finit par marquer sur la partie antérieure du projectile, l'empreinte des bords de la fraisure, on efface les cannelures, on augmente les frottements de la balle contre les parois du canon, et l'on diminue ainsi la portée et la justesse. Il vaudrait cependant mieux dépasser le degré convenable de forcement que de rester au-dessous.

Les trois coups de baguette nécessaires au forcement de la balle, ne doivent pas être appliqués de toute la force du bras.

---

(1) Voir au Chapitre III du Titre V les renseignemens sur la cartouche.

Les lieutenants-instructeurs de tir ne pourront apporter une trop grande attention dans la surveillance du chargement exécuté par les jeunes soldats.

ARTICLE V.

ENTRETIEN ET CONSERVATION DE L'ARME.

Les soins que l'on doit prendre pour l'entretien et la conservation de l'arme, varient suivant les circonstances du service.

Lorsque la carabine sera au râtelier dans les chambres, le bouchon devra être placé à l'extrémité du canon, le chien abattu sur la cheminée. Toutes les pièces en fer, passées à la pièce grasse, seront légèrement onctueuses.

Quand le chasseur devra se servir de sa carabine, il l'essuiera avec un linge sec ; il l'essuiera avec plus de soin encore après une prise d'armes, et passera toutes les pièces en fer à la pièce grasse.

Dans les marches, l'intérieur du canon doit être mis à l'abri de la poussière, de la pluie et de l'humidité au moyen du bouchon. Quand l'arme n'est pas chargée, le chien doit être abattu sur la cheminée ; il doit être au cran de sûreté lorsque l'arme est chargée.

Le tampon n'est placé sur la cheminée que pour les exercices à blanc.

Lorsqu'une cheminée devra être remplacée, on aura soin de graisser les filets de la nouvelle, de bien nettoyer son logement, de l'engager d'abord avec les doigts, pour ne pas faire contre-mordre les filets, et de la mettre à fond avec la clé.

Dans les exercices à blanc, on n'introduira jamais la baguette dans le canon, pour ne point dégrader la fraisure de baguette contre la tige, et pour ne point user inutilement le canon.

Dans les feux d'ensemble, le chasseur se gardera de mettre une cartouche dans son arme déjà chargée. Les coups de carabine qu'il entend à ses côtés, dans le rang, l'empêchent souvent de distinguer le bruit de celle qu'il tire, et peuvent quelquefois lui faire croire à tort que son arme est déchargée; mais il ne pourra se tromper à cet égard, lorsqu'il n'aura pas senti de recul, et lorsqu'en voulant de suite recharger son arme, il ne verra pas de fumée sortir par la cheminée, au moment où il devra placer la capsule.

Après chaque tir, l'arme a besoin d'être nettoyée, mais il n'est pas nécessaire, pour cela, de la démonter entièrement. En général, on enlèvera seulement la bretelle, la baguette, l'embouchoir, la vis de culasse, la grenadière et le canon.

La première chose à faire après un tir est de laver le canon. Pour laver le canon, visser le bout de baguette dans la tête du lavoir, engager le chasse-noix dans le trou de la tête de baguette; prendre une bande de linge, d'une longueur de 0 m. 20, d'une largeur de 0 m. 06 à 0 m. 08, suivant l'épaisseur du tissu; passer un des bouts de la bande dans le trou du lavoir, réunir les deux bouts et tendre la bande, pour que son milieu soit placé dans le trou; replier les bouts de chaque côté entre les branches dentelées; faire descendre les bouts jusqu'au fond des fentes, de manière à garnir le lavoir à l'intérieur et à l'extérieur. Introduire dans le canon le lavoir garni.

Plonger la culasse dans l'eau; noyer complétement la cheminée sans que l'eau atteigne la hausse; saisir le chasse-noix et la tête de baguette de la main droite; laver le canon, en imprimant à la baguette un mouvement de va et vient; enfoncer le lavoir jusqu'au fond du canon, faire tourner la baguette plusieurs fois de gauche à droite, et continuer le lavage jusqu'à ce que l'eau sortant du canon soit aussi claire qu'en y entrant. Autant que possible laver à grande eau, et quand on est obligé de laver dans des vases de petite dimension, changer l'eau au moins une fois.

Lorsque le canon est bien lavé, l'égoutter pendant quelques instants, souffler dans le canal de la cheminée.

Oter du lavoir le linge qui a servi au lavage, essuyer le lavoir, le garnir d'une bande de linge sec, l'introduire dans le canon; saisir le chasse-noix et la tête de baguette; essuyer les parois du canon, en imprimant au lavoir un mouvement de va et vient, en le faisant tourner de gauche à droite; le pousser à fond pour essuyer avec soin la tige, la culasse et les parois du canon autour de la tige, faire tourner de gauche à droite le lavoir poussé à fond; retirer le lavoir. Si la bande de linge sort humide ou sale, en remettre une seconde, recommencer l'opération de l'essuyage; remettre au besoin une troisième et une quatrième bande de linge.

Si le lavage a été bien fait, il ne faudra généralement que deux bandes de linge pour essuyer l'intérieur du canon.

Le canon ayant été essuyé intérieurement, l'essuyer à l'extérieur; introduire, aussi profondément que possible, un petit morceau de linge roulé dans le canal de la cheminée; passer ensuite l'épinglette. Essuyer avec soin la hausse et la cheminée.

Graisser alors l'intérieur du canon au moyen du lavoir garni d'une bande de linge enduite de graisse; pour graisser, se servir du lavoir comme pour essuyer.

Passer, en dernier lieu, la pièce grasse sur toutes les parties extérieures du canon.

Si, après avoir fait usage du lavoir, on éprouvait des difficultés pour le séparer de la baguette, on passerait la broche du tire-balle dans le trou du lavoir; en tenant cette broche et le lavoir d'une main, le chasse-noix et la tête de baguette de l'autre, on aurait toute la force nécessaire pour dévisser le lavoir.

Le canon étant remis en état, on aura soin d'enlever avec un linge humide, la crasse qui se dépose dans la fraisure de baguette et dans celle du chien; on frottera ensuite le chien, la baguette, l'embouchoir, la grenadière, la vis de culasse, la monture et toutes les parties extérieures des pièces d'armes, avec un linge sec; on passera la pièce grasse, sur toutes les surfaces des pièces en acier et en fer démontées, et sur les surfaces extérieures de celles qui sont en place.

Après avoir passé un morceau de linge graissé, entre le corps du chien, et celui de la platine, on frottera avec la pièce grasse, le logement du canon et le ressort de baguette; on pourra alors remonter la carabine.

Lorsqu'on devra charger une arme immédiatement

après l'avoir lavée, il sera presque indispensable, pour sécher parfaitement le canal de cheminée, et prévenir un raté de premier coup, de flamber l'arme avec une capsule avant de la charger.

Le nettoyage des différentes pièces en fer ou en acier, lorsqu'elles ne sont pas tachées de rouille, se fait dans tous les cas de la même manière. Comme il a été expliqué ci-dessus, on les frotte avec un linge sec et on les passe à la pièce grasse. Il n'y a que les pièces creuses, susceptibles d'encrassement à l'intérieur, qui exigent un lavage avant d'être frottées.

En graissant les pièces filetées, on doit s'attacher particulièrement à faire pénétrer la graisse entre les filets, car elle remplit sur ces parties un double rôle. Elle les préserve, comme toutes les autres parties, du contact de l'air et de l'humidité, et par conséquent, de la rouille. De plus, elle diminue les frottements des filets dans leurs écrous, lorsqu'on tourne ou détourne les vis.

C'est dans le but de diminuer les frottements, de faciliter le jeu des pièces, et par suite de les ménager, que l'on prescrit de graisser avec un soin tout particulier les pivots, et, en général, dans toutes les pièces, les parties qui éprouvent des frottements.

Si les pièces sont légèrement attaquées de rouille, il faut les frotter avec un linge imprégné de brique brûlée, pulvérisée, tamisée et délayée dans la graisse ; dans le cas où les pièces sont moins légèrement attaquées, on se sert pour frotter, de curettes de bois tendre, ou d'une brosse rude.

Après avoir frotté une pièce, soit avec de la brique, soit avec de l'émeri, on aura soin de l'essuyer avec un linge, et de ne jamais laisser ni émeri ni brique, ni autres substances dans les trous des vis et des pivots, ou dans les encastrements.

Le poli brillant des diverses pièces d'armes en acier ou en fer, *est expressément défendu.*

Lorsque la platine séparée du bois, n'exigera pas un nettoyage à fond, et qu'elle devra être mise en état sans être démontée, on l'essuiera avec soin à l'intérieur, au moyen d'un linge sec et de curettes; la vieille graisse sera enlevée, et la nouvelle sera mise au moyen de la brosse douce. On imprégnera cette brosse de graisse, et l'on brossera l'ensemble du mécanisme intérieur, en ayant soin de mettre le chien successivement au bandé et à l'abattu, pour pouvoir bien graisser les deux crans de la noix, le logement et le petit pivot de la chaînette.

Pour nettoyer la hausse, après avoir enlevé la vieille graisse avec des curettes dans les parties d'où l'on ne peut l'ôter simplement avec un linge, on passera la pièce grasse sur toute la hausse, et l'on se servira de la brosse douce imprégnée de graisse pour graisser la charnière et le ressort. On fera jouer la planche pendant que l'on brossera ces parties.

Lorsqu'on devra frotter le canon, il faudra, pour ne point être exposé à le fausser, l'étendre sur une table. La lame du sabre-bayonnette devra également, lorsqu'on la frottera, être appuyée dans toute sa longueur sur une table. Cette lame et son fourreau seront entretenus comme les autres pièces en acier ou en fer, de la carabine.

La poignée en laiton du sabre-bayonnette ne sera jamais graissée, on la frottera simplement avec un morceau de drap; si elle a besoin d'un nettoyage plus parfait, on la frottera avec un morceau de drap et un peu de tripoli humecté de vinaigre ou d'eau-de-vie; à défaut de tripoli, on emploiera de la brique pulvérisée.

La monture sera frottée avec un linge sec. On passera à la pièce grasse, comme il a été dit, le logement du canon. On ne graissera pas l'encastrement de la platine.

On peut avoir besoin dans certaines circonstances de décharger une arme sans la tirer. Il faut alors employer le tire-balle pour extraire la balle forcée.

Quand on devra se servir du tire-balle pour décharger une arme, on commencera par enlever la capsule, on s'assurera après l'avoir enlevée qu'elle n'a pas laissé de poudre fulminante dans la fraisure du canal de cheminée. On enlèvera cette poudre, s'il en reste sur le cône; on mettra ensuite le chien à l'abattu.

Visser ensuite le bout de la baguette dans la tête du tire-balle, engager la broche dans le trou de la tête de baguette, introduire le tire-balle dans le canon, saisir l'arme avec la main gauche au-dessous de l'embouchoir, tenir la carabine inclinée, la sous-garde en dessus, le talon de la crosse appuyé contre terre, saisir avec la main droite la broche et la tête de baguette, engager les dents du tire-balle dans la balle, en appuyant sur la tête de baguette, et en tournant la main de gauche à droite. Dès que les dents sont bien engagées dans le plomb, ne plus appuyer aussi fort, et continuer de tourner la baguette dans le même sens. Au bout de quelques secondes, on sent que la balle tourne avec la baguette, on retire alors la baguette, et l'on ramène la balle pincée entre les dents du tire-balle.

On dégage la balle en tenant la baguette et le tire-balle serrés dans la main gauche, et en pressant sur la balle avec le pouce de la main droite, les autres doigts entourant le tire-balle et ceux de la main gauche; on fait tourner le tire-balle en se servant du pouce et du premier doigt de la main droite, afin d'ébranler la balle de tous les côtés. On a soin de la pousser de manière à la dégager des dents.

On peut dégager très-facilement la balle des dents du tire-balle, en la pinçant avec le monte-ressort.

Il sera souvent nécessaire, lorsque les balles seront très-forcées, d'employer le tire-balle à plusieurs reprises, entre lesquelles on nettoiera ses dents et son intérieur; on renversera le canon pour expulser les parcelles de plomb rongées par le tire-balle.

Après avoir extrait la balle, on renversera et l'on secouera le canon pour faire tomber la charge de poudre. Si l'arme est restée chargée depuis longtemps, et si elle a fait feu plusieurs fois avant d'être chargée, il sera nécessaire de laver, essuyer et graisser le canon, de le flamber ensuite avec une capsule, avant de recharger.

Le tire-balle fait en même temps fonction de tire-bourre; il permet de retirer les plus petits morceaux de chiffon et de papier, engagés dans le fond du canon, autour de la tige. On a soin, lorsqu'on fait usage du tire-bourre, de tourner la baguette toujours dans le même sens, de gauche à droite, et pendant qu'on la retire, de la tourner encore dans le même sens, afin que les dents ne puissent lâcher prise.

Si l'on éprouvait quelques difficultés pour dévisser le tire-balle placé au bout de la baguette, on passerait le chasse-noix dans le trou du tire-balle ; tenant alors d'une main la tête de baguette et la broche ; de l'autre, le tire-balle et le chasse-noix, on dévisserait facilement le tire-balle.

TITRE II.

THÉORIE DU TIR.

PREMIÈRE LEÇON.

Principes généraux du tir.

Les principes généraux du tir se déduisent des positions relatives, occupées par trois lignes, qui sont : la ligne de tir, la trajectoire et la ligne de mire. (*Voir* fig. 1.)

La ligne de tir est l'axe du canon indéfiniment prolongé.

La trajectoire est la ligne courbe que décrit le centre de la balle, pendant son trajet dans l'air.

La ligne de mire est une ligne droite passant par le milieu du fond du cran de mire de la hausse et par le sommet du guidon.

La hausse porte plusieurs crans de mire, et celui du curseur peut être élevé à différentes hauteurs; de sorte qu'il existe dans la carabine à tige, une infinité de lignes de mire. Mais les principes généraux contenus dans cette leçon s'appliquent à l'une quelconque de ces lignes.

L'angle de tir est l'angle que la ligne de tir forme avec l'horizon au moment du tir.

L'angle de mire est l'angle que forme la ligne de mire avec la ligne de tir.

On appelle plan de tir, le plan vertical qui contient la ligne de tir, au moment du tir.

La trajectoire est toute entière dans ce plan. Elle se confond d'abord avec la ligne de tir, et s'en écarte ensuite de plus en plus, à mesure que la balle s'éloigne de la bouche du canon.

Lorsque la ligne de mire est horizontale et placée dans le plan de tir, l'angle de mire est égal à l'angle de tir.

La trajectoire et la ligne de mire peuvent être considérées comme liées invariablement entre elles, lorsque la dernières de ces lignes reste dans le plan de tir.

Dans ce cas, si on élève ou si l'on abaisse la ligne de mire, si on la dirige à droite ou à gauche, la trajectoire participe à ces divers mouvements, et conserve toujours, en chacune de ses parties, la même position relativement à la ligne de mire, pourvu qu'on ne donne pas à celle-ci une trop grande inclinaison au-dessus ou au-dessous de l'horizon.

Dans la pratique, on n'a besoin que très-rarement de ces degrés d'inclinaison de la ligne de mire, qui ne permettent plus de regarder cette ligne comme unie à la trajectoire.

Puisque la trajectoire est contenue dans le plan de tir, si l'on a soin de placer la ligne de mire dans ce plan, et de diriger cette ligne sur la verticale passant sur le point que l'on veut atteindre, la balle rencontrera quelque part la verticale en question, si cette ligne n'est pas hors des limites de la portée. Pour que ce point de rencontre soit précisément le but, il ne restera plus qu'à diriger la ligne de mire, ou, ce qui est la même chose, le rayon visuel rasant le fond du cran de mire et le sommet du guidon, sur un point de la verticale tel que la trajectoire rencontre le but.

Le point dont il s'agit sera déterminé, lorsqu'on connaîtra de combien la trajectoire s'élève au-dessus, ou s'abaisse au-dessous de la ligne de mire, à la distance qui sépare le but de la bouche du canon. Ce point sera élevé ou abaissé par rapport au but, de la quantité dont la trajectoire sera abaissée ou élevée par rapport à la ligne de mire.

Si, par exemple, on sait que la trajectoire à une certaine distance, s'abaisse d'un mètre au-dessous de la ligne de mire, il faudra, pour atteindre un point situé à cette distance, diriger la ligne de mire ou viser à un mètre au-dessus de ce point. Car si on dirigeait la ligne de mire sur ce point même, la balle ou la trajectoire passerait à un mètre au-dessous. Mais si on élève la ligne de mire et si on la dirige à un mètre au-dessus du but, la trajectoire suivra le mouvement de la ligne de mire, conservera par rapport à celle-ci sa première position, et passera, par conséquent, à un mètre au-dessous du point visé, c'est-à-dire, par le point qu'il faut atteindre.

On reconnaît que la ligne de mire est placée dans le plan de tir, lorsqu'au moment du tir, le cran de mire et le sommet du guidon ne sont penchés ni à droite ni à gauche d'un plan vertical mené à l'œil, et passant par le milieu du canon dans le sens de sa longueur.

Le tir d'une arme peut donc être réglé à l'aide de la ligne de mire, quand on connaît la position des différents points de la trajectoire, relativement à cette ligne droite, et qu'on a soin de placer les deux points qui déterminent la ligne de mire dans le plan de tir.

Si l'on examine la trajectoire et la ligne de mire dans la position qu'elles occupent généralement, l'une par rapport à l'autre (*Fig.* 1), on reconnaîtra que la ligne de mire coupe la trajectoire en deux points, le premier très-rapproché de la bouche du canon, le second plus éloigné.

Le second point d'intersection de la trajectoire et de la ligne de mire se nomme ***but en blanc***.

La distance mesurée sur la ligne de mire, de la bouche du canon au but en blanc, se nomme portée de but en blanc.

A chaque ligne de mire correspond une portée de but en blanc particulière. La portée de but en blanc augmente à mesure que le cran de mire s'élève sur la hausse.

On remarquera qu'au-delà du but en blanc, la trajectoire s'abaisse au-dessous de la ligne de mire, et de plus en plus à mesure que la balle s'éloigne du canon.

Qu'en deçà du but en blanc, entre les deux points d'intersection de la ligne de mire et de la trajectoire, la balle s'élève au-dessus de la ligne de mire, de quantités différentes, suivant la position qu'on considère.

Que les élévations de la balle sont très-petites dans le voisinage des points d'intersection, et plus grandes vers le milieu de la ligne droite qui réunit ces deux points.

Que depuis la bouche du canon jusqu'à la première intersection, le centre de la balle se trouve au-dessous de la ligne de mire d'une quantité différente, suivant le point où l'on considère le centre de la balle ; que ces quantités sont toutes très-petites, et qu'en cette partie de son trajet la balle peut être regardée comme placée sur la ligne de mire.

Puisqu'à une distance égale à la portée de but en blanc, la trajectoire rencontre la ligne de mire, pour atteindre un point situé à cette distance, il suffira de diriger la ligne de mire sur ce point.

Puisque au-delà du but en blanc, la trajectoire s'abaisse au-dessous de la ligne de mire, il faudra, pour atteindre un point situé à une distance plus grande que la portée de but en blanc, diriger la ligne de mire au-dessus de ce point ; car si on la dirigeait sur ce point, la trajectoire passerait au-dessous. Pour déterminer l'élévation du point que l'on devra viser, afin de toucher le but, il suffira de connaître l'abaissement de la trajectoire au-dessous de la ligne de mire, à la distance où se trouve placé le point que l'on veut atteindre. Cet abaissement est égal à l'élévation du point que l'on doit viser au-dessus du but. C'est ce que l'on voit clairement, lorsqu'on se souvient que la trajectoire est liée à la ligne de mire.

On verra de même que pour atteindre un but situé entre les deux intersections de la ligne de mire et de la trajectoire, il faut viser au-dessous de ce but, un point verticalement éloigné du premier, d'une longueur égale à celle qui sépare la trajectoire de la ligne de mire, à la distance où se trouve placé le point que l'on veut atteindre.

On reconnaîtra que pour toucher un point distant de la bouche du canon de la même quantité que la première intersection de la ligne de mire et de la trajectoire, il faut diriger la ligne de mire sur ce point, ou ce qui est la même chose, viser ce point.

Enfin, si le point qu'il s'agit d'atteindre est plus rapproché de la bouche du canon que la première intersection, il faudra, pour toucher ce point, avec le centre de la balle, viser au-dessus de lui. Mais dans ce cas, le but et le point qu'il faut viser se confondent presque l'un avec l'autre, et sont au plus distants de la moitié environ du diamètre extérieur du canon à la bouche. Il ne peut être question de se préoccuper d'un cas pareil dans la pratique.

Telles sont les règles générales de tir, que l'on résume de la manière suivante :

Lorsque le but est situé à l'un des points d'intersection de la trajectoire et de la ligne de mire, il faut viser le but.

Lorsque le but est situé entre les deux points d'intersection, il faut viser au-dessous du but.

Lorsque le but est situé au-delà du but en blanc, il faut viser au-dessus du but, et d'autant plus au-dessus qu'il est plus éloigné.

Lorsque le but est situé entre la bouche du canon et le premier point d'intersection, il faut viser au-dessus du but.

DEUXIÈME LEÇON.

Règles de tir de la Carabine à tige.

Lorsqu'on tire sur un objet d'une certaine étendue, on doit diriger la trajectoire sur le centre ou le milieu de cet objet ; car si on la dirigeait vers l'une des extrémités, on aurait plus de chances de le manquer, par suite d'une déviation de la balle, d'une erreur ou d'une maladresse dans le tir.

Ainsi, le milieu du corps ou la ceinture est le but que l'on doit tâcher d'atteindre dans le tir de guerre.

Les règles du tir de guerre de la carabine à tige, sont relatives aux diverses lignes de mire déterminées par le sommet du guidon d'une part ; de l'autre, par les crans de mire fixes et le cran de mire mobile de la hausse.

1re LIGNE DE MIRE.

La première ligne de mire est déterminée par le sommet du guidon, et par le fond du cran de mire du talon de la planche couchée sur le pied.

A côté du cran de mire de cette première ligne, on lit sur la droite du talon : 150 ; ce qui indique que la première ligne de mire rencontre la trajectoire à 150 mètres de la bouche de l'arme.

La première ligne de mire est employée pour régler le tir depuis la bouche de l'arme jusqu'à 225 mètres.

Les élévations de la trajectoire au-dessus de la première ligne de mire, entre la bouche de l'arme et le but en blanc situé à 150 mètres, sont assez petites pour qu'on puisse les négliger dans la pratique militaire ; il en est de même des abaissements depuis le but en blanc jusqu'à 200 mètres.

RÈGLES DE TIR RELATIVES A LA 1re LIGNE DE MIRE.

A 200 mètres et à toute distance plus petite, viser la ceinture.

A 225 mètres viser la tête.

2e LIGNE DE MIRE.

La deuxième ligne de mire est déterminée par le sommet du guidon et par le cran de mire de la fente, la planche étant dressée.

A côté du cran de mire de cette deuxième ligne, on lit sur la droite de la hausse : 250 ; ce qui indique que la deuxième ligne de mire rencontre la trajectoire à 250 mètres de la bouche de l'arme.

La deuxième ligne de mire est employée pour régler le tire au-delà de 225 mètres, et jusqu'à 300 mètres.

RÈGLES DE TIR RELATIVES A LA 2e LIGNE DE MIRE.

A 250 mètres et à 275 mètres, viser la ceinture.

A 300 mètres, viser la tête.

Comme on vient de le voir, ce n'est qu'à partir de 250 mètres qu'il est nécessaire de lever la hausse.

3e LIGNE DE MIRE.

La troisième ligne de mire est déterminée par le sommet du guidon et par le cran de mire du curseur abaissé autant que possible.

Lorsque le curseur est ainsi abaissé, son bord latéral supérieur de droite est à hauteur d'un trait au-dessus duquel on lit : 350 ; ce qui indique que la troisième ligne de mire rencontre la trajectoire à 350 mètres de la bouche de l'arme.

La troisième ligne de mire est employée pour régler le tir au-delà de 300 mètres et jusqu'à 375 mètres.

RÈGLES DE TIR RELATIVES A LA 3e LIGNE DE MIRE.

A 325 mètres, viser les genoux.

A 350 mètres, viser la ceinture.

A 375 mètres, viser la tête.

A partir de 400 mètres, on commence à élever le curseur.

Des traits marqués sur les côtés de la planche et surmontés de chiffres exprimant les distances, indiquent les positions que l'on doit donner au curseur, pour que son cran de mire et le sommet du guidon déterminent des lignes de mire, permettant de tirer de but en blanc aux distances exprimées en nombre ronds de 400, 500, 600, 700, 800 et 900 mètres.

Lorsqu'on voudra, par exemple, tirer sur un homme à la distance de 600 mètres, on placera les bords supérieurs latéraux du curseur à hauteur du trait au-dessus duquel on lit le chiffre 6 marqué sur le côté gauche de la hausse. On dirigera alors sur le but même, c'est-à-dire, sur la ceinture, la ligne de mire déterminée par le sommet du guidon et par le cran de mire du curseur.

Lorsqu'on devra tirer à des distances comprises entre celles dont les lignes de mire peuvent être déterminées, comme il vient d'être dit, au moyen du curseur et des traits de la planche, on placera les bords supérieurs latéraux du curseur entre les traits, dans une position qui sera indiquée par la situation du but, entre les distances auxquelles correspondent les traits.

Si, par exemple, l'homme sur lequel on doit faire feu est situé à la distance de 525 mètres, on placera les bords supérieurs latéraux du curseur, au-dessous du trait de 600 mètres, à une distance de ce trait, égale aux trois quart de l'intervalle qui le sépare du trait de 500 mètres. On dirigera alors la ligne de mire déterminée par le cran du curseur et le sommet du guidon, sur la ceinture.

Si l'ennemi est situé à la distance de 550 mètres, on placera les bords supérieurs latéraux du curseur, au-dessous du trait de 600 mètres, à une distance de ce trait égale à la moitié de l'intervalle qui le sépare du trait de 500 mètres. On dirigera alors la ligne de mire déterminée par le cran du curseur et le sommet du guidon, sur la ceinture.

Si l'ennemi est à la distance de 575 mètres, on placera les bords supérieurs latéraux du curseur, au-dessous du trait de 600 mètres, à une distance de ce trait égale au quart de l'intervalle. On dirigera alors la ligne de mire déterminée par le cran du curseur et le sommet du guidon, sur la ceinture.

On opérera de la même manière pour les distances comprises entre 400 et 500 mètres, entre 600 et 700 mètres, entre 700 et 800 mètres.

En indiquant la manière de disposer le curseur pour les distances intermédiaires, on a choisi, pour exemple, des distances différant entre elles de 25 mètres ; il ne faudrait pas conclure de là qu'il soit toujours possible et nécessaire d'apprécier la distance à 25 mètres près.

La dernière ligne de mire de la carabine à tige, est déterminée par le sommet du guidon et par le cran de mire entaillé au sommet et sur le milieu de la planche.

Au-dessous du cran de mire de cette dernière ligne, on lit : 1,000 ; ce qui indique que la dernière ligne de mire rencontre la trajectoire à 1,000 mètres de la bouche de l'arme.

Pour atteindre une troupe en ligne, à la distance de 1,000 mètres, on dirigera la dernière ligne de mire sur le milieu du front de cette troupe.

RÈGLES DU TIR A LA CIBLE.

Les règles du tir à la cible sont les mêmes que celles du tir de guerre.

La cible réglementaire de 2 mètres de hauteur sur 0 m. 50 de largeur (1), représente un fantassin équipé, d'une taille de 1 mètre 78 (*fig.* 7). La coiffure du fantassin complète la hauteur de 2 mètres que l'on donne à la cible.

Le milieu du corps du fantassin est marqué sur la cible, par un cercle noir, dont le rayon sera de 0 m. 10, depuis la plus petite distance jusqu'à 350 mètres inclusivement.

Au-delà de 350 mètres, jusqu'à 600 mètres inclusivement, le rayon du cercle noir des cibles sera de 0 m. 15.

Au-delà de 600 mètres, jusqu'à 1,000 mètres, le rayon du cercle noir des cibles sera de 0 m. 20.

Lorsqu'on devra tirer sur plusieurs cibles contiguës, il n'y aura qu'un seul cercle noir pour toutes les cibles. Le centre du cercle sera toujours placé à 0 m. 89 du pieu des cibles, sur la verticale qui partagera leur surface de deux parties égales.

Le cercle noir placé à hauteur de ceinture, est le but que l'on se propose d'atteindre, lorsqu'on tire à la cible.

Les cibles ne porteront aucune bande, aucun point de repère indiquant au chasseur la direction qu'il doit donner à la ligne de mire, lorsque les règles de tir prescrivent de la diriger au-dessus ou au-dessous du but. Ce sera au tireur d'estimer la position des points de la cible qu'il faut viser, dans ces différents cas, pour atteindre le centre du cercle.

---

(1) On a fixé la largeur de la cible à 0 m. 50 au lieu de 0 m. 57, largeur des cibles en usage; afin d'avoir, en réunissant deux, trois, ou un plus grand nombre de cibles, des largeurs exprimées en nombre ronds de 1 m., 1 m. 50, 2 m., 2 m. 50, etc.

TITRE III.

THÉORIE ET PRATIQUE DE L'APPRÉCIATION DES DISTANCES.

Pour appliquer les règles de tir de la carabine à tige, le tireur doit connaître la distance qui le sépare du but sur lequel il dirige ses coups.

Dans les tirs d'instruction, la cible est généralement placée à des distances mesurées et bien connues. La règle à suivre pour diriger l'arme est alors déterminée avec précision; mais, lorsqu'il s'agit d'appliquer les règles de tir devant l'ennemi, la distance est inconnue, et il importe de l'apprécier le plus promptement et le plus exactement possible, afin de régler le tir en conséquence.

L'appréciation des distances se fait à la vue simple, ou à l'aide d'instruments.

Pour apprendre au soldat à estimer les distances à la vue, on se conformera aux prescriptions suivantes:

On s'occupera d'abord des moyens de vérifier l'estimation d'une distance.

Cette vérification se fera en mesurant la distance à l'aide d'un cordeau, ou plus simplement en comptant le nombre de pas nécessaires pour parcourir la distance.

Un détachement de seize hommes, dirigé par un sous-officier ou par un caporal-instructeur, muni d'un cordeau de 25 mètres de longueur, sera conduit sur le terrain. Les hommes devront avoir l'armement et l'équipement complets, à l'exception du sac.

L'instructeur fera mesurer en ligne droite, sur le terrain, à l'aide du cordeau et de soldats employés comme jalonneurs, une distance de 200 mètres, et marquera, par un petit piquet, par une pierre, ou par une raie faite sur le sol, chacune des distances de 50, 100, 150 et 200 mètres.

Il ordonnera aux hommes de parcourir la distance de 100 mètres au pas ordinaire, en leur recommandant de prendre leur allure naturelle, sans chercher à augmenter ou à diminuer la longueur de leurs pas.

Il leur prescrira de compter le nombre de pas qu'ils doivent faire pour parcourir la distance de 100 mètres.

Cette opération répétée au moins trois fois par chaque soldat, fera connaître le rapport du mètre au pas de chacun des hommes du détachement. L'instructeur, après avoir interrogé chaque soldat, sur le nombre de pas comptés en parcourant la distance de 100 mètres, lui fera connaître combien il doit faire de pas pour parcourir 10 mètres.

Lorsque le soldat saura combien il faut faire de pas pour 10 et 100 mètres, il lui sera facile d'évaluer une distance au pas, assez exactement pour le but que l'on se propose dans l'instruction de tir.

Pour estimer une distance au pas, le soldat, à partir du point de départ, comptera ses pas *et dira : 100 mètres, en étendant le pouce de la main droite, les autres doigts fermés*, lorsqu'il aura compté le nombre de pas qu'il doit faire pour parcourir 100 mètres. Il recommencera alors à compter ses pas, depuis un jusqu'au nombre qui correspond à 100 mètres; *il dira alors: 200 mètres, en étendant le premier doigt de la main droite*, et ainsi de suite jusqu'à ce qu'il se trouve à moins de 100 mètres du point vers lequel il se dirige, et qui limite la distance. En se servant de la main gauche, après avoir levé les cinq doigts de la main droite, il aura, sans risque de se tromper, compter 1,000 mètres.

Lorsque le soldat, après avoir compté par centaines, se trouvera à moins de 100 mètres du but, il ne comptera plus que par dizaines, *et dira : 10 mètres*, quand il aura compté le nombre de pas qu'il doit faire pour parcourir 10 mètres. Il recommencera alors à compter ses pas depuis 1 jusqu'au nombre qui correspond à 10 mètres, *et dira : 20 mètres;* et ainsi de suite, jusqu'à ce qu'il arrive tellement près du but, qu'il puisse, en faisant le pas plus grand, compter par mètres qu'il ajoutera immédiatement, mètre par mètre, aux dizaines dont il viendra de compter le nombre. Il n'aura plus alors qu'à compter le nombre de doigts levés pour connaître la distance exprimée en mètres.

Si le soldat se trompait dans l'appréciation de la distance plus petite que 100 mètres, il n'y aurait à cela aucun inconvénient : le soldat compterait une centaine et leverait un doigt de plus; il recommencerait à compter par dizaines, puis par mètres, lorsqu'il arriverait très-près du but.

L'instructeur formera ensuite son détachement sur un rang, à l'une des extrémités de la distance de 200 mètres, du côté où l'on a commencé le métrage, de telle sorte que la ligne droite mesurée soit perpendiculaire au front de la troupe, et passe par le milieu de ce front.

Il ordonnera à quatre hommes du détachement de se porter, le premier à 50 mètres, le deuxième à 100, le troisième à 150 et le quatrième à 200 mètres, et de faire face au front de la troupe, en se reposant sur leurs armes. Il devra, autant que possible, donner cet ordre à des hommes de taille moyenne.

L'instructeur fera remarquer aux hommes placés dans le rang, les diverses parties de l'habillement, de l'équipement, de l'armement et de la figure, qu'ils peuvent encore apercevoir nettement sur le soldat situé à 50 mètres, et celles que l'on ne peut plus distinguer facilement à cette distance. Il interrogera les hommes, l'un après l'autre, sur les remarques faites d'après la portée de leur vue; il ne devra point exiger que les réponses soient les mêmes pour tous les hommes du détachement, puisque les portées de leurs vues sont généralement différentes.

L'instructeur portera ensuite l'attention des hommes placés dans le rang, sur le soldat situé à 100 mètres, et leur prescrira de faire sur ce soldat, des observations du genre de celles dont ils auront déjà rendu compte pour la distance de 50 mètres. En interrogeant les hommes, cette seconde fois, il aura soin de leur signaler les différences qui existent entre les deux distances, quand à la netteté de la vision de certains objets.

L'instructeur prescrira ensuite de faire successivement sur les deux soldats situés, l'un à 150 mètres, l'autre à 200 mètres du front de la troupe, des observations analogues à celles dont il vient d'être question pour les distances de 50 et 100 mètres. Il s'attachera surtout à signaler à chaque soldat, et suivant les observations de chacun d'eux, les différences qui existent entre les quatre distances, quant à la vision nette, confuse ou impossible de certains objets.

L'instructeur aura soin de faire remarquer aux hommes que les soldats paraissent d'autant plus petits qu'ils sont plus éloignés, bien qu'ils soient en réalité de tailles à peu près égales. Il devra faire remplacer fréquemment les soldats placés aux distances d'observations, afin que l'instruction puisse être donnée également à tous les hommes du détachement.

Lorsque les hommes du détachement auront fait des observations assez nombreuses aux quatre distances désignées, et quand ces observations seront bien gravées dans leur mémoire, l'instructeur procédera à l'estimation des distances comprises dans les limites de 50 et 200 mètres.

Pour cela, après avoir formé le détachement sur un rang et sur une partie du terrain autre que celle où la mesure des distances aura été faite d'abord, l'instructeur enverra un soldat en avant du front de la troupe, en lui prescrivant de s'arrêter, de faire face et de se reposer sur les armes au commandement *halte*. Quand ce soldat sera parvenu à une distance jugée convenable et comprise entre 50 et 200 mètres, l'instructeur commandera *halte*.

Il prescrira alors aux hommes dans le rang, d'observer le soldat qui leur fait face et d'estimer la distance, en se rappelant les observations faites par eux sur des hommes placés aux distances précédemment mesurées.

L'instructeur interrogera chaque homme séparément, en le faisant sortir du rang, et en lui recommandant de répondre à voix basse, afin que l'opinion des derniers hommes interrogés ne soit pas influencée par celle des premiers ; il notera sur un calepin la distance indiquée par chaque soldat.

L'instructeur fera ensuite vérifier la distance au cordeau, par deux soldats, et au pas par tous les autres.

Il prescrira à chacun des hommes ayant mesuré la distance au pas, de lui en donner la mesure, en s'exprimant à voix basse, et il inscrira, sur le calepin, d'une part, la distance réelle, de l'autre, les distances mesurées au pas, à côté des distances estimées à la vue par chaque soldat.

L'inscription de ces différents résultats étant faite sur le calepin, l'instructeur en donnera lecture au détachement. Il rectifiera les erreurs que chacun des hommes aura pu commettre dans l'estimation de la distance à vue, ou dans la mesure de cette distance au pas.

L'instructeur fera répéter les mêmes exercices autant de fois qu'il le jugera nécessaire, en ayant soin de choisir chaque fois une distance différente, mais toujours comprise dans les limites ci-dessus indiquées.

Les séances d'appréciation des distances devront avoir lieu dans des circonstances atmosphériques diverses, et, si la localité le permet, les détachements devront être conduits sur des terrains de configurations différentes.

Lorsque l'instructeur jugera que les hommes de son détachement, qui devront, autant que possible, être les mêmes pendant la durée totale des exercices, savent apprécier avec une exactitude suffisante les distances comprises entre 50 et 200 mètres, il procédera à l'estimation des distances comprises entre 200 et 400 mètres.

Dans ce but il fera mesurer au cordeau une distance de 400 mètres, et marquera sur la ligne droite mesurée les distances de 200, 250, 300, 350 et 400 mètres.

Le détachement étant formé comme il a été expliqué, l'instructeur ordonnera à 5 soldats de se porter le 1er à 200 mètres, le 2e à 250, le 3e à 300, le 4e à 350, le 5e à 400 mètres du front de la troupe, de faire face, et de se reposer sur leurs armes. Il fera commencer alors pour ces distances, des observations analogues à celles déjà faites pour les distances plus petites et pour celle de 200 mètres. Cette dernière distance devra être l'objet d'une étude particulière, et sera le terme de comparaison auquel pourront se rapporter toutes les remarques recueillies aux autres distances.

L'instructeur fera estimer les distances comprises entre 200 et 400 mètres, comme on l'a expliqué pour les distances plus petites.

Lorsque les hommes du détachement sauront apprécier à un degré d'approximation suffisant, les distances comprises entre 200 et 400 mètres, l'instructeur fera estimer une distance quelconque, entre les limites de 50 et 400 mètres.

Les exercices de l'appréciation des distances seront bornés, pour les jeunes soldats, à ceux qui sont expliqués ci-dessus.

Après avoir répété, chaque année, ces mêmes exercices, les anciens soldats dirigés par les commandants de compagnie, seront exercés à évaluer les distances comprises entre 200 et 700 mètres.

L'appréciation de ces distances ne sera plus faite, comme précédemment, sur des hommes isolés, mais sur des groupes. Les distances seront évaluées, de prime abord, sans que l'on s'astreigne à faire préalablement des observations dans les limites de ces distances. Chaque compagnie dirigée par le capitaine, sera partagée en deux sections commandées par le lieutenant et le sous-lieutenant.

Le capitaine passera d'une section à l'autre pour diriger et surveiller les exercices.

Le chef de chaque section, après avoir arrêté sa troupe dans une position favorable, indiquée par le capitaine, fera reposer sur les armes, et commandera : *en place repos*.

Un groupe composé d'un caporal, d'un clairon et de deux chasseurs, tous quatre armés, se portera immédiatement en avant de la section, en suivant une ligne que le chef de section aura déterminée par deux points de repère reconnus dans la campagne.

Le caporal, après avoir parcouru une distance dépassant 200 mètres, et qu'il sera libre, du reste, de fixer à son gré, pourvu qu'elle soit plus petite que 700 mètres, placera les trois hommes sur un rang, à un pas d'intervalle, faisant face à la section et reposés sur leurs armes; il se tiendra lui-même à la droite du rang dont le milieu sera établi sur la ligne.

Le chef de section évaluera la distance du groupe pour son propre compte, et lorsqu'il jugera que les sous-officiers et caporaux sous ses ordres, ont eu le temps de l'apprécier, de leur côté, il interrogera, à voix base, les sous-officiers et les caporaux, en les faisant sortir des rangs. Il tiendra note de l'évaluation faite par chaque sous-officier ou caporal. Ceux-ci interrogeront à leur tour les soldats, de la même manière, et prendront, chacun pour un certain nombre de ces derniers, la note des évaluations.

Dès que la distance sera appréciée, et que le chef de section commencera à interroger les sous-officiers, un sergent aidé de deux soldats porteurs d'un cordeau de 25 mètres et d'un double mètre, mesurera la distance qui sépare la section du groupe. Il tiendra note exacte de cette distance, et l'indiquera au clairon du groupe, en ne tenant compte que des centaines et des dizaines de mètres. Quand le chiffre des unités sera plus petit que 5, ou égal à 5, il le négligera. Quand ce chiffre sera plus grand que 5, il indiquera au clairon une dizaine de plus; mais, dans tous les cas, il devra inscrire en chiffres, sur son calepin, la distance exacte à un décimètre près.

Quand toutes les notes des évaluations auront été prises, et que la distance aura été mesurée, le chef de section fera rentrer les sous-officiers et les caporaux à leur poste. Il ordonnera à un caporal muni d'un fanion engagé dans le canon de sa carabine, de se porter à dix pas sur la droite de la section, et d'élever le fanion en l'air. A ce signal, le sous-officier chargé de mesurer la distance, prescrira au clairon de l'indiquer par une sonnerie.

Le clairon indiquera la distance par autant de coups de langue traînants qu'elle contiendra de centaines de mètres, et par autant de coups de langue brefs qu'elle contiendra de dizaines de mètres en sus des centaines; il laissera un intervalle suffisant entre les deux espèces de coups de langue.

Après la sonnerie, le caporal muni du fanion, rentrera dans le rang; le groupe fera demi-tour, se portera en avant sur la ligne et parcourra une distance que le caporal sera libre de fixer, pourvu qu'il ne sorte pas des limites prescrites. Le caporal établira le groupe sur la ligne comme il a été dit.

Quand le groupe sera placé face à la section, le sergent chargé de mesurer la distance, démasquera la ligne après avoir marqué l'extrémité de la distance mesurée. Il observera la section, et dès qu'il s'apercevra que le chef de section commence à interroger, il mesurera la distance qui sépare le groupe de sa première station. Il tiendra note exacte de cette distance et l'ajoutera à la première; il agira ensuite comme il a été dit ci-dessus. La section fera pour la nouvelle distance ce qui a été indiqué pour la première, et les exercices continueront de la même manière pendant la première reprise de chaque séance.

Lorsque le caporal du groupe aura pris position très-près de l'extrémité de la distance de 700 mètres, il devra rétrograder, et le sergent chargé de mesurer les distances, aura soin de retrancher dans ce cas, la nouvelle distance mesurée de celle à laquelle il se trouvait de la section, avant de revenir sur ses pas.

Avant le repos, le chef de section se portera sur une autre partie du terrain; il sera rallié par le sergent chargé de mesurer les distances, et par le groupe. Les exercices de la deuxième reprise se feront comme ceux de la première.

Pour estimer les distances comprises entre 200 et 1,000 mètres, on augmentera le nombre des hommes composant le groupe. Il sera formé d'un caporal, de huit chasseurs et d'un clairon. Ces dix hommes, y compris le caporal, seront placés suivant diverses formations que réglera le capitaine. On se conformera du reste à ce qui est prescrit pour l'évaluation des distances comprises entre 200 et 700 mètres.

ESTIMATION DES DISTANCES A L'AIDE D'UNE STADIA.

Dans les différents exercices de l'appréciation des distances à la vue simple, on aura pu remarquer que la grandeur des soldats, de taille moyenne, placés aux diverses distances d'observation, paraît d'autant plus petite qu'ils sont plus éloignés.

Il résulte de cette observation, que si l'on avait le moyen de mesurer la hauteur apparente d'un fantassin équipé et de taille moyenne, on pourrait, par cette mesure, déterminer la distance de ce fantassin, au point que l'on occuperait, si l'on savait d'avance que telle hauteur apparente du soldat équipé, correspond à telle distance.

Or, il est facile de mesurer approximativement la hauteur apparente d'un objet quelconque, entièrement à découvert, et situé à une distance comprise dans les limites de la vue. Pour prendre cette mesure, il suffit de tenir verticalement, de la main droite, une petite règle graduée sur les bords en millimètres, de diriger un rayon visuel par la partie supérieure de la règle, et par le point le plus élevé de l'objet ; de faire passer ensuite sans remuer la règle, et sans déranger la tête, un autre rayon visuel par le point le plus bas placé sur l'objet, en se servant du pouce pour marquer l'endroit où ce rayon rencontre le bord gradué de la règle. On s'assure que la portion de la règle interceptée par les deux rayons visuels, couvre bien exactement la hauteur entière de l'objet, et la mesure de la hauteur apparente est donnée par le nombre de millimètres contenus sur le bord de la règle, entre les deux rayons visuels.

La hauteur apparente ainsi mesurée sera différente pour le même objet ne changeant pas de distance, si l'on ne place pas la règle à la même distance de l'œil ; mais si l'on tient la règle verticalement, et toujours également éloignée de l'œil, on retrouvera toujours la même hauteur apparente, quand l'objet ne changera pas de distance et de dimensions.

Si donc, on marque sur les faces et sur les bords d'une petite règle, les différentes hauteurs apparentes du fantassin, mesurées comme il vient d'être expliqué, aux distances de 100, 125, 150 mètres, etc., on pourra, au moyen de cette règle ainsi graduée, juger de la distance d'un fantassin équipé, de taille moyenne, si l'on tient, comme il a été dit, la règle à la distance de l'œil, pour laquelle les hauteurs apparentes ont été mesurées,

On parviendrait, par expérience, et en opérant comme on vient de l'expliquer, à marquer sur une petite règle les hauteurs apparentes du fantassin placé à diverses distances ; mais il est beaucoup plus simple de déterminer les divisions de la règle, par le calcul, en prenant, pour hauteur moyenne du fantassin, 1 m. 80, y compris la coiffure.

Comme à la guerre, on n'a pas seulement besoin d'estimer la distance d'un fantassin, ou d'une troupe d'infanterie, mais encore celle d'un cavalier ou d'une troupe de cavalerie ; il est nécessaire de calculer les hauteurs apparentes du cavalier que l'on supposera d'une hauteur de 2 m. 50 ; sur un des côtés de la règle, on marquera les hauteurs apparentes du fantassin, sur l'autre côté, celles du cavalier.

Les instruments très-simples construits de cette manière, et auxquels on donne le nom de *stadia*, laissent une grande incertitude dans la détermination des distances, dès qu'elles dépassent 200 mètres.

On obtient de meilleurs résultats et une appréciation plus prompte et plus facile, en se servant d'une stadia construite d'après les mêmes principes, mais sur laquelle les hauteurs apparentes sont marquées plus distinctement, et sont mesurées pour une distance exprimée par un nombre quelconque de mètres, dans les limites où l'appréciation est utile ou possible.

Cette stadia consiste en un triangle isocèle découpé sur une plaque métallique ou sur une feuille de carton (*Fig.* 2).

L'intervalle des deux grands côtés du triangle, lorsqu'on le mesure parrallèlement à la petite base, diminue de plus en plus, et par degrés insensibles, de la base au sommet. En prenant cette base égale à la hauteur apparente du fantassin placé à 125 mètres, par exemple, les différents intervalles des grands côtés représenteront la série continue et décroissante des hauteurs apparentes, depuis 125 mètres jusqu'aux plus grandes distances. On pourra donc trouver, d'un côté à l'autre du triangle, un intervalle égal à la hauteur apparente du fantassin situé à une distance déterminée, plus grande que 125 mètres, qu'elle que soit d'ailleurs cette distance.

La base et la hauteur du triangle étant choisies de manière à ne point rendre les divisions confuses, et à ne pas augmenter outre mesure les dimensions de l'instrument, il sera très-facile de déterminer sur les grands côtés du triangle, les intervalles égaux aux diverses hauteurs apparentes du fantassin équipé, placé aux distances de 150, 175, 200, 225 mètres, etc.

La position de ces intervalles sera marquée par de grands traits, lorsqu'ils correspondront à des distances exprimées en nombres ronds de 200, 300, 400 mètres, etc.; par de petits traits, lorsqu'ils correspondront aux distances de 225, 325, 425 mètres, etc., et par des traits moyens pour les distances de 150, 250, 350 mètres, etc. Au-dessus des grands traits seront inscrits des chiffres indiquant les distances.

Lorsqu'on voudra se servir de cette stadia pour mesurer la distance d'un fantassin équipé, on tiendra la feuille de carton ou la plaque métallique, entre le pouce et les deux premiers doigts de la main droite, la petite base du triangle placée verticalement, le bras tendu de toute sa longueur, la tête droite et immobile; on regardera en fermant l'œil gauche, le fantassin à travers le triangle découpé, et l'on fera mouvoir l'instrument jusqu'à ce que les deux rayons visuels, dirigés, l'un à la partie supérieure de la coiffure, l'autre aux pieds du soldat, rasent les deux grands côtés du triangle, de telle sorte que le fantassin soit intercalé dans les deux côtés. On regardera alors le trait marqué au point où l'intercalation a lieu, et ce trait indiquera la distance. Si aucun trait n'est marqué en ce point, on regardera les deux traits les plus proches, et avec un peu d'habitude, on lira facilement la distance.

En faisant mouvoir la stadia, on doit avoir soin de la laisser toujours à la même distance de l'œil, et de tenir la petite base verticale.

Il est bien entendu que cette stadia, comme les précédentes, doit être placée à la distance de l'œil, pour laquelle les hauteurs apparentes ont été calculées, ou du moins à une distance très-peu différente.

La stadia doit être graduée d'un côté pour l'estimation

des distances du fantassin, et de l'autre, pour celle des distances du cavalier.

Dans les divers exercices de l'appréciation des distances, les officiers, les sous-officiers et les caporaux pourront se servir de la stadia ou de tout autre instrument du même genre, admis par le chef de bataillon.

OBSERVATIONS GÉNÉRALES SUR LES EXERCICES DE L'APPRÉCIATION DES DISTANCES.

On ne peut rien prescrire quant à la durée de l'instruction pratique de l'appréciation des distances, et à la répartition de toutes les parties de cette instruction sur plusieurs séances. On aura soin seulement de suivre dans les exercices la marche indiquée dans cette leçon, et de reprendre, à chaque séance, la série de ces exercices, au point où on l'aura laissée dans la séance précédente.

L'instruction de l'appréciation des distances sera donnée lorsque les autres parties du service le permettront; elle précédera les exercices du tir à la cible, et continuera en même temps que ces derniers; on y emploiera une partie des séances du tir pendant lesquelles les soldats perdent souvent du temps à attendre leur tour de tirer.

Messieurs les officiers devront particulièrement s'exercer à l'appréciation des distances, qui n'est pas moins utile à un manœuvrier qu'à un tireur. Comme ils sont appelés à commander le feu et à régler le tir devant l'ennemi, ils doivent acquérir l'habitude d'estimer rapidement une distance.

TITRE IV.

PRATIQUE DU TIR.

PREMIÈRE LEÇON.

Exercices préparatoires de tir.

Dans les exercices de cette première leçon l'instructeur commandera un détachement de douze hommes au plus. Ces hommes seront formés sur un rang, à un pas d'intervalle, quand les exercices auront lieu sur le terrain.

Si l'on dispose d'un assez grand nombre d'instructeurs, il sera avantageux, surtout pour l'instruction des jeunes soldats, de réduire chaque détachement au plus petit nombre d'hommes possible.

Dans tous les exercices préparatoires de tir, à l'exception de ceux du pointage sur chevalet, les anciens et les jeunes soldats devront avoir le sac, ils conserveront généralement le sabre dans le fourreau, et ne le placeront au bout du canon que quand ils en recevront l'ordre.

Les séances d'instruction préparatoire de tir seront, autant que possible, de deux heures, en y comprenant une pause d'un quart-d'heure.

ARTICLE PREMIER.

POINTAGE.

L'instruction du pointage se donnera d'abord dans les chambres.

L'instructeur placera une carabine sur le chevalet de pointage (1), et dirigera la première ligne de mire sur un point des murs ou des fenêtres, marqué par un pain à cacheter ou de toute autre manière. Il aura soin de placer le guidon et la hausse de telle sorte que ces parties de l'arme ne penchent ni à droite, ni à gauche.

L'instructeur commencera par montrer aux hommes les deux points qui déterminent la ligne de mire, c'est-à-dire, le sommet du guidon et le milieu du fond du cran de mire du talon de la hausse couchée sur son pied ; il leur expliquera que, pour viser, il suffit de mettre ces deux points et celui que l'on doit viser sur un même rayon visuel ; que, par conséquent, il ne faut pas regarder ces trois points avec les deux yeux, mais avec un seul, l'œil droit, en fermant pour cela l'œil gauche.

L'instructeur prescrira ensuite aux hommes de regarder, l'un après l'autre, en fermant l'œil gauche, et en se plaçant en arrière de la crosse, sans la toucher, le milieu du fond du cran de mire, le sommet du guidon, et le milieu du pain à cacheter sur lequel la ligne de mire aura été préalablement dirigée, et de voir par eux-mêmes que ces trois points sont bien sur le même rayon visuel, ou, ce qui est la même chose, en ligne droite.

L'instructeur, après avoir dérangé la carabine, prescrira successivement à chaque soldat de viser le point désigné. Il vérifiera le pointage, indiquera à chaque homme, s'il y a lieu, les erreurs qu'il aura commises, en lui faisant voir que la ligne de mire n'est pas dirigée convenablement, et qu'elle passe au-dessus ou au-dessous,

---

(1) Dans les chambres, on peut employer au lieu de chevalet de pointage, un petit sac rempli de terre ou de sable. Le sac est placé sur un banc, le banc sur une table. On fait, en frappant avec le revers de la main sur le sac, qui ne doit pas être rempli entièrement, un logement pour le fût de l'arme. On place l'arme en équilibre sur le sac, et l'on peut alors facilement la diriger à droite ou à gauche, en haut ou en bas, dans des limites assez étendues, en faisant mouvoir la crosse avec la main droite, et en avançant ou faisant rétrograder le fût dans son logement. Cet appreil de pointage ne coûte rien, et fournit d'aussi bons résultats qu'un chevalet. Quant on donne l'instruction du pointage sur le terrain, on peut placer le sac sur un trépied formé par trois gros bâtons liés entre eux au moyen de cordes, ou de toute autre matière.

à droite ou à gauche du point qu'il fallait viser. Après avoir rectifié le pointage exécuté par chaque soldat, l'instructeur aura soin de déranger la carabine.

Les hommes pointeront en se plaçant en arrière de la crosse, et en faisant mouvoir l'arme avec la main droite.

L'instructeur répétera ensuite le même exercice; mais, au lieu de rectifier d'abord par ses propres yeux le pointage exécuté à tour de rôle par chaque soldat, il le fera vérifier successivement par tous les autres, en demandant à chacun de ces derniers, si la ligne de mire passe à droite ou à gauche, au-dessus ou au-dessous du point désigné. Lorsque tous les hommes auront exprimé leur opinion, l'instructeur donnera la sienne, et corrigera ainsi toutes les erreurs qui auraient pu être commises. L'instructeur fera recommencer cet exercice, autant de fois qu'il sera nécessaire, et donnera, après chaque séance, une note bonne, médiocre ou mauvaise à chaque pointeur.

Les officiers chargés de l'instruction prendront connaissance de ces notes.

Deux séances, de deux heures chacune, consacrées à cette première partie de l'instruction du pointage, suffiront pour que la généralité des jeunes soldats sache diriger une ligne de mire sur un point déterminé. Dans ces deux séances, l'instructeur ne lèvera point la hausse, et ne se servira pour instruire les jeunes soldats que de la première ligne de mire.

Dans une troisième séance, l'instructeur fera la nomenclature de la hausse, indiquera les fonctions des différentes parties de cette pièce, et interrogera les hommes pour s'assurer qu'ils ont bien compris; il expliquera ensuite les règles de tir, en se bornant à celles qui sont relatives aux trois premières lignes de mire. Il interrogera les hommes sur ces règles et les leur fera ensuite appliquer de la manière suivante:

La carabine étant placée sur un chevalet, l'instructeur prescrira successivement à chaque homme de la pointer sur un but désigné, et situé réellement ou par supposition, à l'une des distances pour lesquelles les règles de tir sont déjà connues. L'instructeur dira, par exemple, après avoir désigné le but:

A 250 mètres, pointez la carabine.

Il vérifiera le pointage, s'assurera que le pointeur a bien employé la ligne de mire convenable, et l'a dirigée conformément aux règles, sans pencher la hausse et le guidon à droite, ni à gauche. Il rectifiera les erreurs commises.

L'instructeur fera répéter cet exercice, autant de fois qu'il le pourra, pendant la durée de la troisième séance, en changeant chaque fois la distance à laquelle il supposera le but placé.

On pourra se servir pour le pointage, d'une cible sur laquelle le but sera représenté par le cercle réglementaire; ou bien, on emploiera une règle de 2 mètres de longueur, non compris le pied enfoncé dans le sol. On placera le centre du but à 0 m. 89 de la partie de la règle qui se trouvera au niveau du sol. Une règle ou un simple bâton, verticalement placés, valent mieux que la cible, lorsqu'on opère sur un terrain de peu d'étendue.

Dans une quatrième séance, l'instructeur fera répéter les exercices de la troisième, autant de fois qu'il sera nécessaire pour que chaque homme ait appliqué convenablement les règles de tir relatives aux trois premières lignes de mire.

Dans une cinquième séance, l'instructeur enseignera aux jeunes soldats la manière de placer le curseur, pour tirer aux diverses distances comprises entre 400 et 950 mètres ; il leur montrera le cran de mire du sommet de la hausse, qui appartient à la dernière ligne de mire, dont on se sert dans le tir à la distance de 1,000 mètres.

Avant de faire appliquer les règles de tir des distances plus grandes que 400 mètres, l'instructeur s'assurera que les hommes savent placer le curseur, à la hauteur qui correspond à chaque distance de tir.

L'instructeur dira, par exemple :

Disposez le curseur pour la distance de 575 mètres.

Il est bien entendu que, pour tout ce qui concerne la

hausse, et les règles de tir, on devra consulter l'article 1er de la 3e partie du titre Ier, et la 2e leçon du titre II.

Lorsque les hommes sauront disposer le curseur, l'application des règles de tir relatives aux distances comprises entre 400 et 1,000 mètres, ne leur présentera aucune difficulté ; l'instructeur terminera la cinquième séance en faisant faire aux hommes cette application :

La carabine étant placée sur chevalet, l'instructeur s'adressera successivement à chaque chasseur, et lui dira, par exemple :

A 725 mètres, pointez la carabine.

Dans une sixième séance, l'instructeur fera appliquer, comme il a été expliqué ci-dessus, toutes les règles de tir de la carabine, depuis la bouche du canon jusqu'à la distance de 1,000 mètres.

L'instruction du pointage a été détaillée, dans cet article, telle qu'elle doit être donnée aux jeunes soldats, en six séances. Les exercices de ce même article seront répétés par les anciens soldats en deux séances seulement. Dans la première, l'instructeur expliquera la nomenclature et les fonctions de toutes les parties de la hausse, ainsi que les règles de tir. Il interrogera les anciens soldats, et leur fera faire l'application des règles par le pointage sur chevalet. La deuxième séance sera employée à interroger une seconde fois les anciens soldats, et à leur faire appliquer de nouveau les règles de tir.

Quoiqu'il ne soit pas nécessaire pour enseigner le pointage et les règles de tir, de placer le but aux distances réelles, et quoiqu'il y ait moyen de suppléer en partie à l'instruction du pointage aux grandes distances, par l'emploi de buts très-petits et réduits dans leurs dimensions, comme la distance l'est elle-même, il conviendra de faire appliquer, au moins pendant la dernière séance, les règles de tir et le pointage, sur des buts placés réellement aux distances désignées par l'instructeur.

ARTICLE II.

POSITION DU TIREUR ISOLÉ DEBOUT.

Lorsque les hommes connaîtront suffisamment le pointage, on leur enseignera à prendre la position du tireur isolé debout.

Après avoir formé son détachement sur un seul rang, en prescrivant aux hommes de se tenir à un pas d'intervalle, l'instructeur faisant face au milieu de la troupe, à dix pas de distance, donnera lentement le détail de la position, en exécutant lui-même les mouvements prescrits.

Position du tireur isolé debout.

1 temps et 3 mouvements.

1er *et* 2e *mouvements.* Croiser la bayonnette, en plaçant le milieu du pied droit, vis à vis et à 10 centimètres environ du talon gauche, la tête élevée, le corps d'aplomb et reposant également sur les deux jambes, armer et saisir l'arme à la poignée.

3e *mouvement.* Rentrer légèrement la pointe du pied gauche, élever l'arme avec les deux mains, appuyer la crosse contre l'épaule, le corps restant droit et la tête levée, la main gauche placée entre l'embase de la grenadière et le talon de la hausse, la monture reposant sur la paume de cette main, le pouce allongé sur le bois, les autres doigts placés sur les bords de la monture, le coude gauche en dedans. Fermer l'œil gauche, lever l'épaule droite afin d'amener la première ligne de mire à hauteur de l'œil droit, le coude levé à peu près à hauteur de l'épaule ; faire passer un rayon visuel par les deux points de la ligne de mire, en la tenant horizontale, et en penchant le moins possible la tête à droite ; maintenir le sommet du guidon et le cran de mire dans le plan vertical de tir, le pouce de la main droite en travers sur la poignée, la dernière phalange du premier doigt de la main droite, en avant de la détente sans la toucher, les autres doigts entourant la poignée et s'aidant du pouce pour tenir la carabine.

L'instructeur après avoir détaillé la position, la fera prendre par chaque soldat, en commençant par le premier placé à la droite du rang. Il s'approchera de celui qu'il voudra instruire, afin de soutenir l'arme de ce soldat en portant la main à la grenadière. Il aidera ainsi les hommes à prendre la position dans les commencements, et diminuera leurs fatigues pendant le temps employé à leur donner les premiers renseignements et à rectifier les positions.

L'instructeur fera ensuite prendre la position par le même soldat, sans le guider et sans soutenir son arme ; après lui avoir indiqué, s'il y a lieu, en quoi sa position est défectueuse, il la lui fera quitter.

Pour faire prendre ou quitter la position, l'instructeur dira :

Prenez la position du tireur debout ou *Quittez la position*.

Lorsque l'instructeur passera d'un soldat à un autre pour enseigner la position prescrite, il ordonnera à celui qu'il quittera, de prendre de lui-même cette position, de la garder un instant, de la quitter et de la reprendre autant de fois qu'il le pourra, pendant que l'instruction sera donnée aux autres.

Lorsque les hommes devront prendre et quitter fréquemment la position, il faudra leur recommander de ne point armer.

L'instructeur fera ensuite prendre la position par tous les hommes à la fois, et les laissera en joue pendant un temps suffisant pour qu'ils s'affermissent dans la position prescrite, mais assez court cependant pour ne point occasionner une fatigue trop grande.

Placé devant le rang, l'instructeur adressera des observations aux soldats, afin de rectifier leur position.

La position du tireur debout, pourra être enseignée dans les chambres : dans ce cas, l'instructeur ne s'occupera que d'un seul homme à la fois. Pendant que chaque soldat recevra les avis de l'instructeur, les autres s'exerceront à prendre, conserver et quitter la position.

Deux séances seront employées à donner aux jeunes soldats la position ci-dessus décrite; une seule suffira aux anciens. Dans ces séances, on ne prescrira pas aux soldats de viser un point désigné, mais seulement de faire passer un rayon visuel par les deux points de la première ligne de mire, et de tenir cette ligne à peu près horizontale.

La position du tireur debout ne peut pas être prise en tous points de la même manière, lorsqu'au lieu du premier cran de mire, on est obligé de se servir d'un cran plus élevé. Il faut alors que le tireur abaisse de plus en plus l'épaule et les bras, à mesure que le cran de mire s'élève sur la hausse.

Sans quitter la position du corps, sans pencher la tête, la hausse étant levée, le tireur peut, en abaissant par degrés l'épaule et les bras, faire passer successivement par son œil droit, les lignes de mire de la carabine, en commençant par celle de 250 mètres, et en finissant par celle de 1,000 mètres. En relevant ensuite l'épaule et les bras, il peut faire repasser par son œil, les lignes de mire dans un ordre inverse, tout en maintenant constamment dans la même direction, la ligne qui passe par son œil, et par le sommet du guidon. Un exercice comme celui dont il est question en ce moment, est très-propre à affermir les hommes dans la position du tireur debout, et à leur donner de l'aisance dans le tir; mais on ne pourrait l'exiger d'eux avant qu'ils eussent bien exécuté ce qui est expliqué au commencement de cet article et dans celui qui va suivre.

ARTICLE III.

POSITION DU TIREUR ISOLÉ DEBOUT ET POINTAGE.

Lorsque les hommes seront suffisamment affermis dans la position du tireur debout, telle qu'elle est décrite au commencement de l'article 2, ils seront exercés à la garder en visant un point que l'instructeur désignera, et à la modifier comme elle doit l'être, lorsqu'il faut se servir d'un cran de mire plus élevé que celui de la première ligne de mire.

Les deux reprises de chaque séance seront alors employées à des exercices différents. Pendant la première, l'instructeur fera viser dans la position du tireur debout. Pendant la seconde, il fera pointer sur chevalet, appliquer les règles de tir et revoir la nomenclature des diverses parties de l'arme.

Dans le pointage sur chevalet, le soldat sera placé derrière la crosse, comme il est dit à l'article 1er.

Lorsque le soldat devra viser, l'instructeur lui prescrira de diriger la ligne de mire au-dessous du point désigné, et d'élever lentement cette ligne jusqu'à ce qu'elle passe par le point qu'il faut viser, de l'arrêter sur ce point, en conservant l'immobilité de l'arme et du corps.

L'instructeur fera d'abord viser, au moyen du cran de mire du talon de la planche; il fera ensuite lever la hausse, et prescrira d'employer la deuxième ligne de mire; de la deuxième, il passera à la troisième, puis à celles des distances de 400, 500, 600, 700, 800 et 900 mètres, et enfin à la dernière.

Les hommes ayant été exercés d'abord à se servir de la première ligne de mire, en levant l'épaule pour amener cette ligne devant l'œil droit, parviendront aisément à viser au moyen des crans de mire appartenant aux distances moyennes; l'instructeur recommandera de baisser l'épaule et les bras à mesure que le cran de mire s'élève, et de conserver, du reste, la position prescrite.

L'emploi des lignes de mire des distances de 800, 900 et 1,000 mètres, rendra seul la position du tireur debout difficile pour quelques hommes. Pour pouvoir diriger ces trois dernières lignes, on est obligé d'appuyer contre l'épaule le talon de la plaque de couche. Si l'on a le cou très-court, la position devient gênante et ne peut plus être régulière. Les instructeurs connaîtront ces difficultés, et ne devront point exiger des hommes ce que leur conformation rendra impossible.

Lorsque les exercices auront lieu sur le terrain, les hommes prendront la position, et viseront ensemble, au commandement de l'instructeur qui dira, par exemple :

A 500 *mètres, pointez la carabine dans la position du tireur debout.*

L'instructeur aura soin de ne point tenir les hommes trop longtemps dans cette position, et de leur indiquer le but disposé comme il a été dit dans le premier article.

Lorsque le chasseur recevra l'ordre de pointer à une distance pour laquelle il est nécessaire d'employer le cran de mire du curseur, il mettra le curseur en place avant de prendre la position du tireur, lorsqu'il sera encore à celle de *croisez la bayonnette.* A cet effet, il soulèvera un peu la carabine en la plaçant horizontalement, le bras gauche et la monture de l'arme joignant le corps ; il saisira les rebords du curseur avec le pouce et le premier doigt de la main droite, et regardant la planche, il fera jouer le curseur pour l'amener à la place qu'il doit occuper, il lèvera ensuite la hausse, reportera la main droite à la poignée, et prendra la position du tireur debout.

Deux séances seront employées à faire exécuter aux jeunes soldats ce qui est prescrit dans cet article, qui sera revu dans une seule séance par les anciens.

Vers la fin de ces séances, l'instructeur fera placer le sabre-bayonnette au bout du canon, et pointer aux distances plus petites que 400 mètres. En pointant la carabine munie de sa bayonnette, les chasseurs conserveront, autant que possible, la position prescrite.

ARTICLE IV.

POSITION DU TIREUR A GENOU ET POINTAGE.

On ne fera point de commandement régulier ; on ne distinguera ni temps ni mouvements. L'instructeur dira seulement aux soldats, lorsqu'il le faudra :

Prenez la position du tireur à genou ou *Quittez la position.*

L'instructeur détaillera la position du tireur à genou, de la manière suivante :

Prendre la position de *présentez vos armes ;* porter le pied droit en arrière et sur la droite du talon gauche, dans la position la plus commode pour mettre le genou droit à terre en ployant la jambe gauche; mettre le genou à terre ; abattre l'arme, l'avant-bras gauche appuyé sur la cuisse du même côté, la main droite à la poignée, la crosse touchant la cuisse droite.

Faire pivoter la jambe droite autour du genou appuyé à terre, placer cette jambe à peu près perpendiculairement à la direction du pied gauche, dans la position la plus commode; s'asseoir sur le talon droit, prendre de l'aplomb et de l'aisance, disposer le curseur et lever la hausse, si cela est nécessaire ; armer.

Mettre en joue en appuyant le coude gauche sur la cuisse et près du genou, la main gauche soutenant l'arme entre l'embase de la grenadière et le talon de la hausse, l'épaule droite levée ou abaissée suivant la position du but, le coude à peu près à hauteur de l'épaule ; diriger la ligne de mire sur le point qu'indiquent les règles de tir, en maintenant le sommet du guidon et le cran de mire dans le plan vertical de tir, le pouce de la main droite en travers sur la poignée, la dernière phalange du premier doigt de la main droite en avant de la détente, sans la toucher, les autres doigts entourant la poignée, et s'aidant du pouce pour tenir la carabine.

L'instructeur, après avoir pris et détaillé en même temps la position du tireur isolé à genou, se conformera, pour la faire prendre aux hommes, à ce que prescrivent les articles 2 et 3, pour la position du tireur debout.

Trois séances seront employées à faire exécuter aux jeunes soldats ce qui est prescrit dans cet article qui sera revu en une seule séance par les anciens.

Dans ces séances, on ne pointera plus sur chevalet ; l'instructeur fera viser et appliquer les règles de tir en même temps qu'il enseignera la position. Dans la seconde reprise de la troisième séance, il fera prendre alternativement aux jeunes soldats la position du tireur debout et celle du tireur à genou, en prescrivant de pointer sur le but qu'il désignera.

Des deux positions du tireur isolé, la position à genou est, sans contredit, la moins militaire, quoi qu'elle soit plus avantageuse pour la régurarité du tir. La position à genou fait perdre beaucoup de temps au tirailleur, par la lenteur qu'il met à la prendre, et par la nécessité où il est de la quitter pour charger convenablement son arme. Aussi cette position doit être considérée comme exceptionnelle ; elle est bonne seulement dans quelques circonstances particulières de la guerre. C'est par ces motifs, que dans les exercices de tir on la fait prendre bien moins fréquemment que la position du tireur debout. Cette dernière est d'ailleurs bien plus difficile à conserver ; elle demande beaucoup d'étude, et ce serait empêcher les hommes de s'habituer à cette vraie position du tireur, que de les faire tirer trop souvent à genou.

L'appui que le tireur donne à son arme, en plaçant le coude sur le genou, dans la position à genou, n'est pas le seul moyen que l'on ait à la guerre pour augmenter la justesse du tir. Dans certains cas, une branche, un tronc d'arbre, la plongée d'un parapet, etc., peuvent fournir un appui préférable à celui que l'on trouve sur le genou.

En général, tout moyen qui assure l'immobilité de l'arme et du corps, facilite et régularise les opérations du tir. C'est ainsi que la position du tireur assis à terre, le coude gauche sur la jambe du même côté, à demi ployée, est plus avantageuse encore que la position du tireur à genou.

Il n'est pas nécessaire de dire que cette position du tireur assis n'a rien de militaire.

ARTICLE V.

CONSERVATION DE L'IMMOBILITÉ DE L'ARME ENTRE LES MAINS DU TIREUR, PENDANT QU'IL AGIT SUR LA DÉTENTE, ET APRÈS QUE LE CHIEN A ÉTÉ ABATTU SUR LE TAMPON.

On maintient facilement la ligne de mire d'une arme, dans une direction donnée, tant qu'il ne s'agit pas d'appuyer sur la détente pour faire partir le coup; mais lorsqu'on en vient là, il se présente une difficulté assez grande.

En appuyant sur la détente, on risque de déranger l'arme, de sorte que, bien dirigée avant qu'on ait touché la détente, elle peut ne plus l'être au moment où le coup part.

Il faut donc que le tireur ne cesse pas de maintenir la ligne de mire de son arme, sur le point qu'indiquent les règles, pendant tout le temps qu'il agit sur la détente, et tant que le coup n'est pas parti. Le coup doit le surprendre occupé à maintenir la ligne de mire sur le point indiqué par les règles de tir.

Le tireur parviendra à ce résultat, s'il retient la respiration, au moment où il commence à toucher la détente jusqu'à ce que le coup soit parti; s'il n'agit point brusquement sur elle; s'il sait exercer par degrés une pression de plus en plus forte sur ce levier; s'il place le doigt de manière à lui laisser toute sa force, et à lui communiquer des mouvements très-restreints, en le faisant agir, non point par l'extrémité, mais par la deuxième phalange, autant que la conformation de l'homme le permettra.

Lorsqu'on devra exécuter, soit dans les chambres, soit sur le terrain, les exercices prescrits par cet article, le tampon devra être sur la cheminée, et l'on aura soin qu'il n'empêche pas de viser.

L'instructeur indiquera successivement à chaque soldat la manière d'agir sur la détente. Il prendra devant eux une position commode, semblable à celle du deuxième mouvement du premier temps de la charge.

Dans cette position, il tiendra l'arme à la poigné de la main droite, engagera le premier doigt en avant de la détente jusqu'à la deuxième phalange, agira par degrés sur la détente, en regardant le tampon placé sur la cheminée. Il fera prendre cette même position et exécuter ces mêmes mouvements par chaque soldat, et lui montrera la manière d'agir sur la détente.

Après avoir fait répéter cet exercice plusieurs fois par chaque homme, l'instructeur expliquera à son détachement comment on doit opérer, lorsqu'on veut faire partir le coup sans déranger l'arme, après avoir visé et pris les positions prescrites par l'Instruction sur le tir, ou par l'École du Soldat.

Il donnera cette explication de la manière suivante :

Agir par degrés sur la détente avec la deuxième phalange du premier doigt de la main droite, en fermant les articulations de ce doigt, sans remuer le bras, et en ayant soin de retenir la respiration, de telle sorte que le coup (1) surprenne le tireur occupé à maintenir la ligne de mire sur le point visé.

Rester en joue un instant après que le coup est parti, et s'assurer que la ligne de mire passe encore par le point premièrement visé (2).

L'instructeur prescrira au soldat de prendre l'une ou l'autre des deux positions du tireur, mais beaucoup plus fréquemment la position du tireur debout, et de faire partir le coup sans commandement, comme il vient d'être expliqué. Il indiquera la distance réelle ou supposée du but ; il exigera que les hommes se servent de la ligne de mire correspondante à la distance indiquée. Il aura soin de donner aux tireurs l'occasion d'employer, un nombre de fois suffisant, les principales lignes de mire de l'amre. Il désignera aux hommes le but sur lequel ils devront pointer.

L'instructeur, pour faire exécuter ces exercices, dira, par exemple :

Prenez la position du tireur debout ;

A 600 *mètres, pointez et tirez la carabine.*

---

(1) Dans le tir simulé dont il est question, le coup est le choc du chien sur le tampon.

(2) Quand on tire réellement, on ne peut rester en joue, dès l'instant où la charge s'enflamme ; mais si dans le tir réel, il se produit un long feu, le tireur habitué à rester en joue, comme il est prescrit dans cet article, ne dérangera pas l'arme avant que le coup soit parti, et le long feu n'empêchera pas le coup d'être bon.

Nota. On reconnaît un bon tireur à l'immobilité que conserve son arme lorsqu'un raté a lieu dans le tir.

L'instructeur corrigera les positions, et reconnaîtra facilement, par les mouvements de leurs armes, les hommes qui n'auraient pas d'aplomb, et qui ne sauraient pas agir sur la détente.

Cet exercice très-important, occupera les jeunes soldats pendant quatre séances, les anciens pendant deux séances seulement.

On pourra, en outre, y former les soldats dans les chambres, à temps perdu.

ARTICLE VI.

TIR SIMULÉ AUX CAPSULES.

Cet article est une répétition du précédent, avec cette différence que l'on abat le chien sur une capsule, au lieu de l'abattre simplement sur le tampon, et qu'on ne montre plus aux soldats la manière d'agir sur la détente, comme il est prescrit au commencement de l'article 5.

Les soldats viseront, l'un après l'autre, sur la mèche d'une chandelle, placée à une distance de la bouche du canon, mesurée par la longueur de la baguette de carabine. Ils auront soin de diriger d'abord la ligne de mire au-dessous de la mèche, d'élever lentement le guidon, de manière à faire partir le coup lorsque la ligne de mire sera dirigée sur le centre de la mèche enflammée.

Si les canons sont bien propres intérieurement; si les hommes sont affermis dans les positions, s'ils savent viser, s'ils conservent l'immobilité en visant, et en faisant partir le coup, ils éteindront souvent la chandelle.

L'instructeur veillera à l'observation des principes. Il ne fera viser sur la mèche de la chandelle qu'avec la première ligne de mire.

Le tir simulé aux capsules sera exécuté en deux séances, par les jeunes soldats comme par les anciens.

On consommera dix capsules par homme à chaque séance; cinq à chaque reprise; quatre capsules dans la position debout, et la cinquième dans la position à genou,

L'exercice du tir aux capsules se fera dans les chambres.

ARTICLE VII.

TIR SIMULÉ AUX CARTOUCHES SANS BALLES.

Dans le tir aux cartouches sans balles, on se conformera aux principes prescrits précédemment.

L'instructeur formera son détachement sur le terrain, comme il a été ordonné, au commencement de la 1re leçon.

Les hommes feront feu successivement, sur la cible placée ou supposée placée à une distance réglementaire de tir. Ils appliqueront la règle de tir relative à la distance qui leur sera indiquée par l'instructeur.

Le tir aux cartouches sans balles sera exécuté en deux séances, par les jeunes soldats comme par les anciens.

A chaque séance, il sera brûlé dix cartouches par homme, cinq à chaque reprise.

A chaque reprise, on emploiera quatre cartouches dans la position debout, et la cinquième dans la position à genou.

Les chasseurs se rappelleront qu'en ne versant pas dans le canon, toute la poudre de la cartouche sans balle, ils s'exposent, en bourrant, à dégrader sur la tige, le fond de la fraisure de baguette.

DEUXIÈME LEÇON.

Tir à la cible aux diverses distances. — Formations des classes de tireurs.

Les distances réglementaires de tir sont celles de 150, 225, 250, 300, 325, 350, 400, 450, 500, 550, 600, 700, 800, 900 et 1,000 mètres.

Elles seront mesurées et marquées sur le champ de tir par les soins du lieutenant-instructeur.

Les surfaces sur lesquelles seront recueillies les balles aux diverses distances, devront être :

à 150 et 225 mètres	—	1	cible.	
à 250 et 300	—	2	cibles contiguës.	
à 325, 350 et 400	—	3	—	
à 450 et 500	—	4	—	
à 550 et 600	—	5	—	
à 700	—	6	—	
à 800	—	8	—	
à 900	—	10	—	
à 1,000	—	12	—	

Le tir, à chaque distance, se fera en une seule séance.

Les anciens et les jeunes soldats tireront aux mêmes distances, et sur des buts de mêmes dimensions.

A chaque distance, les sous-officiers, les caporaux, les sapeurs et les clairons, les anciens et les jeunes soldats, tireront quatre balles par homme.

Trois classes de tireurs seront formées dans les compagnies, d'une part; de l'autre, parmi les jeunes soldats, lorsqu'on connaîtra les résultats des tirs exécutés aux distances de 150, 225, 250, 300, 325, 350 et 400 mètres.

La première classe, parmi les anciens comme parmi les jeunes soldats, se composera des hommes qui auront mis dans les cibles, au moins 16 balles sur 28 tirées à ces sept distances, comme il est prescrit au commencement de cette leçon.

La deuxième classe des anciens et des jeunes soldats se composera de ceux qui auront mis dans le but à ces mêmes distances, 12, 13, 14 ou 15 balles sur 28.

La troisième classe des anciens et des jeunes soldats sera formée de ceux qui auront mis dans le but à ces mêmes distances, moins de 12 balles sur 28.

Il n'y aura de mutations dans les classes qu'à la fin des exercices du tir à la cible.

Lorsque les tirs aux quinze distances réglementaires seront terminés, les classes seront formées une seconde et dernière fois d'après les bases suivantes :

La première classe des anciens et des jeunes soldats se composera de ceux qui auront mis dans le but 30 balles au moins sur 60 tirées aux quinze distances réglementaires; la deuxième, de ceux qui auront mis dans le but 22, 23, 24, 25, 26, 27, 28 ou 29 balles sur 60; la troisième, de ceux qui auront mis moins de 22 balles sur 60.

Les hommes qui auraient manqué à une ou plusieurs des séances de tir, seront placés dans les classes au rang que leur assignera le total de leurs balles ayant touché le but.

On fera en sorte que les soldats qui, par des motifs légitimes, auraient manqué à quelques-unes des séances du tir à la cible, aient l'occasion d'exécuter les tirs de ces séances.

Les classes de jeunes soldats seront distinctes de celles des anciens.

Les classes de sous-officiers seront distinctes de celles des caporaux, sapeurs, clairons et anciens soldats.

Les listes dressées par compagnie, pour toutes les classes, excepté celles des sous-officiers, seront affichées dans les chambres de la compagnie, où elles resteront tant que de nouvelles listes ne seront pas établies.

Les classes seront formées chaque année à la reprise des exercices de tir, d'après les bases posées ci-dessus.

La formation des classes a pour but de faire connaître aux officiers les bons tireurs de leur compagnie, et de stimuler l'amour-propre des hommes.

Les tireurs des différentes classes assisteront aux mêmes exercices de tir, afin que l'instruction du bataillon, à un moment donné, soit aussi complète que possible, et pour ne point jeter de complication dans le service.

Toutefois, les soldats de la troisième et de la deuxième classe, seront remis aux exercices préparatoires de tir, dans les intervalles des séances du tir à la cible, les premiers pendant un nombre de séances double de celles que le service permettra de consacrer à l'instruction des seconds.

Les détachements conduits au tir à la cible porteront toujours le sac,

Lorsque les tireurs seront arrivés sur le champ de tir,

ils seront réunis par classe. La première classe sera placée sur un rang à dix pas en arrière de la position que devra occuper le tireur, le milieu du rang, sur le plan de tir, le front de la troupe perpendiculaire à ce plan.

Les deux autres classes seront partagées en plusieurs détachements d'une même classe, dirigés par des sous-officiers et surveillés par un officier ; ces détachements commenceront, sur un terrain voisin du champ de tir, les exercices de l'appréciation des distances, d'abord, et ensuite ceux de l'article 5 de la première leçon, de telle sorte que les détachements désignés ci-dessus aient été préparés au tir par les exercices de ce même article, quand sera venu leur tour de tirer.

Avant de commencer le tir, l'officier chargé de le diriger, fera exécuter la sonnerie de *Garde à vous*. A ce signal, chacun se placera à son poste ; les officiers et les sous-officiers-instructeurs près du point que devra occuper le tireur, les sous-officiers observateurs, derrière l'épaulement placé à côté et en avant de la cible.

Pour commencer le tir, le chef de peloton fera exécuter la charge à volonté par les hommes de la première classe formés sur un rang comme il a été dit. Quand les armes seront chargées, il commandera *L'arme au bras* et *en place, repos;* il ordonnera alors de commencer le feu.

Au commandement *Commencez le feu*, l'homme de la droite du rang se portera directement au point que doit occuper le tireur ; après avoir fait feu, il se retirera par la doite, et viendra se placer à trois pas en arrière de sa première position. Lorsque le premier homme de droite sera sur le point de faire feu, le deuxième du même côté se portera directement à la place d'où l'on doit tirer, fera feu, se retirera par la droite, et viendra se placer à trois pas en arrière de sa première position, et ainsi de suite pour chaque tireur. Si une arme rate entre les mains d'un tireur, celui-ci se retirera par la gauche, et viendra se placer à la gauche du premier rang. Un sous-officier enseignera à ce tireur les moyens de remettre l'arme en état de tirer, et tâchera de lui expliquer la cause du raté.

Lorsque l'homme de gauche aura fait feu, le chef de peloton portera le front de sa troupe à la position qu'il occupait d'abord, et commandera la charge à volonté.

Le tir aura lieu ensuite, comme il a été dit, et la charge se fera à volonté, au commandement du chef de peloton.

Pour les trois premières balles, les hommes feront feu dans la position du tireur debout ; pour la quatrième, ils prendront la position du tireur à genou.

Les détachements des autres classes exécuteront le tir à la cible de la même manière.

Dans tous les tirs effectués par des tireurs isolés, on se conformera aux mêmes prescriptions.

Avant la formation des classes, les pelotons, à leur arrivée sur le champ de tir, seront partagés en trois sections égales, et l'on fera pour ces sections ce qui a été prescrit ci-dessus pour les classes.

Le commandant du peloton, les officiers présents, et le sous-officier-instructeur de tir, devront éviter de se placer trop près du tireur, afin de ne point le gêner.

L'officier commandant le peloton dirigera le tir, et devra veiller à la conservation des positions prescrites. Il rappellera aux hommes la règle de tir. Il aura soin de ne point adresser d'observations au tireur, du moment où celui-ci sera sur le point de faire feu. Il se fera aider dans la surveillance du tir par les officiers et sous-officiers qu'il commandera.

Le sergent-instructeur de tir tiendra note du nombre de balles mises dans la cible par chaque homme. Les balles mises dans le cercle noir n'auront pas plus de valeur sur les livrets de tir que celles qui auront touché un autre point de la cible.

Un sous-officier observateur, placé dans un trou creusé au pied de la butte, et couvert par un petit épaulement en terre damée, d'une épaisseur d'un mètre au minimum, indiquera, à l'aide d'un fanion, les balles qui toucheront la cible et le noir; il lèvera le fanion et le laissera immobile pendant un instant, lorsqu'il voudra signaler une balle ayant frappé la cible hors du cercle. Il indiquera que la balle a touché le cercle noir, en levant le fanion et en l'agitant.

Il faut une grande attention dans le service du sous-officier chargé de signaler les balles ayant touché la cible.

Toutes les fois qu'une balle touchera la cible, le clairon donnera 3 coups de langue; si la balle touche le clercle noir, le clairon sonnera en plus un rigodon.

Après le tir de chaque classe, le lieutenant-instructeur de tir, aidé d'un sous-officier ou d'un caporal, comptera le nombre des trous de balles marqués sur la cible; les trous seront noircis ou entourés d'un trait fait au crayon.

Le sergent-instructeur de tir devra, d'après ce relevé, rectifier, le mieux possible, les notes prises dans le tir, en se souvenant des coups douteux qu'il aura dû marquer sur son calepin. Le lieutenant-instructeur tiendra note des résultats généraux.

TROISIÈME LEÇON.

Feux de tirailleurs.

Quand le bataillon aura terminé tous les tirs à la cible, les feux de tirailleurs seront exécutés par les anciens et par les jeunes soldats. Chaque classe de tireurs formée d'après les résultats de tous les tirs à la cible, exécutera à part les feux de tirailleurs.

Ces exercices auront lieu en trois séances dans chacune desquelles on brûlera dix cartouches par homme, huit dans la position du tireur debout, et deux seulement dans la position du tireur à genou.

Les feux de la première séance seront ouverts en deçà de 350 mètres.

La ligne de tirailleurs fera feu en marchant, conformément aux principes de l'Ecole des Tirailleurs; elle se portera en avant à partir d'une base jalonnée par les soins du lieutenant-instructeur, et lorsqu'elle aura brûlé la moitié de ses cartouches, c'est-à-dire, cinq par homme, elle battra en retraite. Les cinq dernières cartouches qui resteront à chaque homme, seront employées dans le mouvement rétrograde.

Les buts sur lesquels les chasseurs feront feu, seront des cibles réglementaires isolées, placées sur une ligne parallèle à celle des tirailleurs, à 5 mètres d'intervalle, d'axe en axe. On placera autant de cibles que le champ de tir et la composition du matériel le permettront.

La distance de la ligne des cibles à la base du mouvement, en avant des tirailleurs, sera comprise entre **225** et **350** mètres. Cette distance sera fixée par le chef de bataillon, et mesurée par les soins du lieutenant-instructeur.

La ligne des cibles sera placée, lorsque le terrain le permettra, et lorsqu'il n'y aura pas d'accidents à redouter, à quelques mètres en avant ou en arrière de l'emplacement ordinaire du but.

Les distances de tir inconnues des commandants de compagnie, des officiers, sous-officiers, caporaux et soldats sous leurs ordres, seront appréciées par les compagnies elles-mêmes qui agiront comme en présence de l'ennemi.

La distance de la ligne des cibles à la base du mouvement en avant, et les résultats de tir recueillis par le lieutenant et par les sergents-instructeurs, seront consignés sur les livrets.

Les feux de la deuxième séance seront exécutés comme ceux de la première. Les buts sur lesquels les chasseurs feront feu, se composeront de deux cibles contiguës, et seront placées à 5 mètres de distance d'axe en axe. La distance de la ligne des cibles à la base du mouvement en avant, sera aussi changée; elle sera comprise entre **450** et **600** mètres.

Dans les feux de la troisième séance, les hommes du second rang, au commandement *Commencez le feu*, se porteront en avant quand ceux du premier auront tiré, et s'arrêteront après avoir fait **25** pas, au lieu de **10**, à

12 comme le prescrit l'Ecole des Tirailleurs ; dans la suite du mouvement en avant, et dans le mouvement rétrograde, les tirailleurs dépasseront de 25 pas au lieu de 10 à 12, la ligne qui les précédera. Le but sera composé de quatre cibles contiguës. Il y aura quatre buts disposés sur la même ligne, à 12 mètres d'intervalle d'axe en axe. La distance de la base du mouvement à la ligne des cibles sera comprise entre 700 et 800 mètres.

Dans les trois séances consacrées aux feux de tirailleurs, lorsque le mouvement de retraite devra s'effectuer, la ligne la plus avancée fera son premier feu en retraite sur place, et se retirera immédiatement pour se porter en arrière de la seconde ligne. Dans la première séance seulement, le sabre-bayonnette devra être placé au bout du canon.

Les feux de tirailleurs seront exécutés par les jeunes soldats de la même manière que par les anciens. Les jeunes soldats seront cependant guidés par le lieutenant et les sergents-instructeurs qui connaîtront les distances ; tandis que les officiers et sous-officiers chargés de diriger les anciens soldats, ne pourront qu'estimer l'éloignement des cibles.

QUATRIÈME LEÇON.

Feux de deux rangs, par rang, et de peloton.

Récapitulation des séances de deux heures et des munitions employées pour l'instruction annuelle des anciens et des jeunes soldats.

Les exercices de tir seront terminés par des feux de deux rangs, par rang, et de peloton. Ces feux seront exécutés par les anciens soldats d'une part, de l'autre par les jeunes soldats.

Toutes les classes de tireurs seront mêlées dans les pelotons formés par rang de taille pour ces exercices.

On exécutera dans chaque compagnie, et dans la classe des jeunes soldats, à chacune des distances de 300, 400 et 500 mètres :

Un feu de deux rangs de 6 cartouches par hommes ;
Deux feux par rang ;
Deux feux de peloton.

Le but dans tous ces feux, à toutes les distances, sera formé de huit cibles contiguës et présentant par leur réunion, un front de 2 mètres de hauteur sur 4 mètres de base. Un cercle noir de 0 m. 15 de rayon sera marqué sur le but ; il aura son centre à 0 m. 89 du pied des cibles, sur la verticale partageant la surface du but en deux parties égales.

Les feux de deux rangs, par rang, et de peloton seront exécutés en trois séances : dans la première, ces feux seront ouverts à 300 mètres, dans la deuxième, à 400 mètres, dans la troisième, à 500 mètres. A chaque séance on commencera par le feu de deux rangs ; on exécutera ensuite les feux par rang, pour terminer par les feux de peloton.

Dans tous les feux de deux rangs, par rang, et de peloton, effectués à la distance de 300 mètres, le sabre-bayonnette devra être placé au bout du canon.

A chaque séance, toutes les fois qu'on fera cesser le feu, les résultats devront être constatés : on tiendra note du nombre de tireurs, de balles tirées, de balles mises dans le but, et des diverses circonstances du tir. Les sergents-instructeurs seront chargés de prendre ces notes, et de compter les trous et les empreintes de balles. Ils seront surveillés par le lieutenant-instructeur de tir, et par les officiers des compagnies. On aura soin de marquer, après chaque feu, avec de la couleur noire, les trous ou empreintes de balles, afin de distinguer les résultats d'un feu, des effets que l'on obtiendra dans les feux subséquents.

Les feux de deux rangs, par rang, et de peloton seront dirigés par le commandant de la compagnie, qui pourra confier aux officiers sous ses ordres, pour leur instruction, le commandement d'une partie de ces feux.

Comme les positions des tireurs dans les feux de deux rangs, par rang, et de peloton, sont différentes de celles qu'ils auront dû prendre dans tous les exercices de tir précédents, il sera nécessaire, avant de faire exécuter les feux de peloton, par rang, ou de deux rangs, à balles, d'habituer les soldats aux positions qu'ils garderont dans ces feux, par des tirs simulés du genre de ceux qui sont indiqués dans la première leçon de la pratique du tir.

Chaque peloton sera exercé pendant deux séances aux feux simulés de deux rangs, par rang, et de peloton. On simulera d'abord les feux, en faisant abattre simplement le chien sur le tampon. On veillera à ce que les hommes prenne bien les positions prescrites par l'École du Soldat. On les habituera à préparer la hausse dans les rangs, à mettre en pratique, autant qu'il est possible, dans les feux d'ensemble, les principes antérieurement appliqués aux feux individuels.

Les feux de deux rangs, par rang, et de peloton, simulés comme il vient d'être dit, occuperont les anciens et les jeunes soldats pendant une séance. On aura soin de faire mettre quelquefois, dans chaque espèce de feu, la bayonnette au canon.

Pendant la première reprise d'une deuxième séance, on simulera les feux en faisant partir les capsules, au nombre de 10 par homme ; 6 capsules seront employées dans les feux de deux rangs, 2 dans le feu par rang, et 2 dans le feu de peloten.

On fera passer le second rang premier après avoir employé la moitié des capsules affectées à chaque espèce de feu.

Pendant la seconde reprise de la deuxième séance, on simulera les feux en employant des cartouches sans balles, au nombre de 10 par homme ; 6 cartouches sans balles seront brûlées dans le feu de deux rangs ; 2 dans le feu par rang, et 2 dans le feu de peloton. On fera passer le second rang premier après avoir brûlé la moitié des cartouches affectées à chaque espèce de feu.

On pourra alors exécuter les feux à balles, en ayant

soin de faire précéder l'exécution de chaque feu réel, par un feu simulé dans lequel le chien sera abattu sur le tampon.

Dans tous les feux simulés, ou réels de peloton, de deux rangs, et par rang, les sous-officiers, caporaux et soldats devront avoir le sac.

La bonne exécution des feux de peloton, dépend en grande partie du commandement de l'officier. Si celui qui commande les feux, ne laisse pas entre le commandement *joue*, et le commandement *feu*, un intervalle suffisant, les hommes n'ont point le temps de viser. Pour obéir à temps au commandement, ils agissent sur la détente par un mouvement brusque du doigt. Il résulte de là que le feu perd beaucoup de son efficacité, et qu'on n'obtient pas cette simultanéité des coups à laquelle on a bien raison de tenir, puisque l'expérience et le raisonnement montrent, qu'en général, toutes choses égales d'ailleurs, un feu de peloton a d'autant plus d'efficacité qu'il a été exécuté avec plus d'ensemble.

Lorsque l'officier laisse entre les deux commandements un intervalle convenable, les hommes ont le temps de bien épauler et de bien ajuster, d'engager le doigt en avant de la détente, et d'attendre le commandement, en exerçant d'avance une faible pression sur la touche de la détente. Ils sont donc prêts à faire partir le coup, lorsqu'ils entendent le commandement *feu*, et l'on obtient à la fois par la régularité du commandement, la simultanéité des coups et l'efficacité du tir.

Si l'officier commandant un feu de peloton, doit être attentif à laisser un intervalle suffisant entre les commandements *joue* et *feu*, il ne doit pas moins éviter de tarder trop longtemps à commander *feu*. Lorsqu'on laisse les hommes trop longtemps en joue, ils se fatiguent, cessent de viser, et ne son plus prêts à obéir au commandement en suivant les règles de tir.

Ce n'est qu'en commandant, et en voyant exécuter les feux réels de peloton, en en mesurant les effets par le nombre de balles recueillies dans les cibles, que les officiers pourront apprécier l'influence d'un commandement fait à propos, et acquerront l'habitude de ce commandement.

Déjà, par les exercices ordinaires et par les tirs simulés dont il est question dans cette leçon, les officiers se seront habitués à commander les feux; mais leur instruction gagnera beaucoup par le commandement de feux réels, par la différence qu'ils pourront constater entre les effets du feu de peloton, suivant que ce feu est bien ou mal commandé.

Il est nécessaire que dans les feux de peloton, le chef de peloton indique aux chasseurs la distance qui les sépare de l'ennemi. Il ne doit point abandonner l'appréciation de la distance, et la détermination de la règle de tir qui en résulte, au libre arbitre de chaque homme. Placés dans les rangs où ils sont gênés les uns par les autres, occupés d'ailleurs du chargement de leurs armes, les soldats ne sauraient évaluer la distance de l'ennemi. Il appartient aux officiers, chefs de peloton, d'estimer cette distance et de la faire connaître aux soldats. En indiquant la distance, on aura prescrit la règle de tir, puisque sur la hausse de carabine à tige, les différentes lignes de mire sont distinguées les unes des autres par des chiffres qui expriment la distance pour laquelle chacune de ces lignes doit être employée.

Le moment le plus convenable pour indiquer la distance de tir aux soldats, est celui qui précède le commandement *joue* : à ce moment, les hommes étant à la position *d'apprêtez vos armes*, peuvent facilement disposer la hausse, suivant la distance.

D'après ces considérations, pour diriger un feu de peloton sur une troupe placée, par exemple, à 400 mètres de distance, un officier devait commander de la manière suivante :

Feu de peloton. — *Peloton.* — *Armes.* — *A* 400 *mètres.* — *Joue.* — *Feu.* — *Chargez.*

Lorsqu'on exécutera les feux de peloton sur les cibles, les commandements seront faits comme il vient d'être dit.

Toutes les observations ci-dessus relatives au feu de peloton, sont applicables au feu par rang.

Dans les feux de deux rangs, le chef de peloton prescrira la règle de tir, avant le commandement *commencez le feu*, et après le commandement *armes*.

Lorsque le feu de deux rangs sera exécuté devant l'ennemi, la règle de tir devra être modifiée par le chef de peloton, pendant la durée du feu, suivant la distance véritable de l'ennemi.

Quand les compagnies seront détachées et que le nombre des hommes de recrue ne sera pas assez considérable pour permettre de former un peloton de seize files, les jeunes soldats rentreront dans les compagnies pour y exécuter les feux de deux rangs, par rang, et de peloton.

RÉCAPITULATION *des séances de deux heures et des munitions employées pour l'instruction des anciens et des jeunes soldats.*

PRATIQUE DU TIR.	JEUNES SOLDATS.				ANCIENS SOLDATS.							
					SOUS-OFFICIERS ET CLAIRONS.				CAPORAUX, CHASSEURS ET SAPEURS.			
	séances.	capsules.	cartouches sans balles	cartouches à balles.	séances.	capsules.	cartouches sans balles	cartouches à balles.	séances.	capsules.	cartouches sans balles	cartouches à balles.
1re Leçon.												
EXERCICES PRÉPARATOIRES.												
ART. 1er. Pointage	6	»	»	»	2	»	»	»	2	»	»	»
ART. 2. Position du tireur isolé debout.	2	»	»	»	1	»	»	»	1	»	»	»
ART. 3. Position du tireur isolé debout et pointage	2	»	»	»	1	»	»	»	1	»	»	»
ART. 4. Position du tireur à genou et pointage	3	»	»	»	1	»	»	»	1	»	»	»
ART. 5. Conservation de l'immobilité de l'arme entre les mains du tireur.	4	»	»	»	2	»	»	»	2	»	»	»
ART. 6. Tir simulé aux capsules	2	20	»	»	2	20	»	»	2	20	»	»
ART. 7. Tir simulé aux cartouches sans balles	2	»	20	»	2	»	20	»	2	»	20	»
2me Leçon.												
TIR A LA CIBLE.												
Aux quinze distances réglementaires.	15	»	»	60	15	»	»	60	15	»	»	60
3me Leçon.												
Feux de tirailleurs	3	»	»	30	3	»	»	»	3	»	»	30
4me Leçon.												
Feux de deux rang, par rang et de peloton, simulés par l'abattage du chien sur le tampon	1	»	»	»	1	»	»	»	1	»	»	»
Feux de deux rangs, par rang et de peloton, simulés avec des capsules et avec des cartouches sans balles	1	10	10	»	1	»	»	»	1	10	10	»
Feux réels de deux rangs. }	3	»	»	18	1	»	»	»	3	»	»	18
Feux réels de rang. }				6	1	»	»	»				6
Feux réels de peloton. }				6	1	»	»	»				6
APPRÉCIATION DES DISTANCES.												
Au minimum	15	»	»	»	15	»	»	»	15	»	»	»
TOTAUX	59	30	30	120	49	20	20	60	49	30	30	120

TITRE V.

NOTIONS COMPLÉMENTAIRES.

CHAPITRE PREMIER.

Des causes par lesquelles on peut manquer le but dans le tir de la carabine à tige.

On peut avec la carabine à tige, et en général avec toutes les armes à feu, manquer le but par des causes très-différentes :

1° Parce que l'on ignore ou que l'on omet d'appliquer les principes du tir de l'arme que l'on a entre les mains, et les moyens suivants lesquels cette arme doit être chargée, maintenue, dirigée et tirée ;

2° Parce que la balle peut éprouver et éprouve généralement des déviations à sa sortie du canon, et pendant son trajet dans l'air.

Les premières causes peuvent être considérablement atténuées par les soins que l'on doit donner à l'instruction théorique et pratique des tireurs.

Les secondes tiennent à la nature de l'arme, et aux influences extérieures qui agissent sur la balle. Le tireur le plus habile ne peut modifier en rien les effets de quelques-unes de ces causes.

Les moyens suivant lesquels l'arme doit être maintenue, dirigée et tirée, ont été expliqués dans cette instruction. Les principes généraux du tir qu'elle renferme, doivent être appliqués avec discernement. Les armes ne sont pas toujours d'une constructien régulière et parfaite comme on le suppose en théorie. Quelquefois, par exemple, les lignes de mire de la carabine ne sont pas exactement dans un même plan avec l'axe du canon. Il arrive alors que l'on ne peut placer le but dans le plan de tir, en le visant directement. Il faut, dans ce cas, viser à droite ou à gauche du but suivant que la ligne de mire passe à droite ou à gauche du plan de tir, en avant du canon. Le point qu'il faut viser à droite ou à gauche du but en est éloigné d'une quantité qui augmente avec la distance, et qui dépend de l'irrégularité que présente le canon. Cette irrégularité sera d'ailleurs très-rare et très-peu notable dans les carabines à tige, dont les hausses et les guidons sont brasés en manufacture avec un soin particulier.

Non-seulement la ligne de mire n'est pas toujours dans un même plan avec l'axe du canon, mais elle peut encore faire avec cet axe un angle de mire, ne correspondant pas exactement à la distance qu'indique la graduation de la hausse. Ce défaut sera très-fréquent, et il est impossible de l'éviter. S'il ne tenait qu'à la construction inexacte de la hausse du guidon, et de l'extérieur du canon, il serait sans importance, car, en établissant ces parties de l'arme, on ne se trompe pas de quantités qui aient une influence notable sur la pratique du tir. Il tient d'abord aux différences qui peuvent exister entre les calibres des diverses armes d'un même modèle, différences qui s'élèvent quelquefois à plusieurs dixièmes de millimètres, et qui suffiraient pour exiger mathématiquement une graduation particulière de la hausse de chaque carabine. Ce défaut qui est dû à l'impossibilité où l'on est d'établir des armes exactement conformes à un type déterminé, se révélerait quand même les cartouches employées seraient parfaitement identiques à celles qui ont été tirées à l'origine dans les canons types du système. Comme il n'est pas pos-

BIBLIOTHÈQUE IMPÉRIALE

sible d'arriver, dans une grande fabrication, à cette identité parfaite des munitions, comme d'ailleurs les circonstances atmosphériques variables introduisent, d'un jour à l'autre, des changements dans les portées, les angles de mire seront presque toujours à modifier et à régler d'après les premiers résultats de tir. La hausse à curseur se prête parfaitement à toutes les corrections qu'il est souvent nécessaire d'apporter aux angles de mire. Les modifications que devront subir ces angles seront d'autant plus notables, que les distances de tir, auxquelles ils correspondent, seront elles-mêmes plus grandes.

Chaque chasseur tirant constamment avec la même arme, connaîtra bien vite les positions qu'il doit donner au curseur, pour régler le tir de son arme dans les circonstances ordinaires.

Le tireur doit comme on l'a prescrit dans les leçons de la pratique du tir, tenir son arme de telle sorte que la ligne de mire soit placée dans le plan de tir. S'il penchait sa carabine à droite ou à gauche, la ligne de mire sortirait du plan de tir. L'arme étant penchée à droite, le coup porterait à droite du point visé, et la portée serait diminuée. La balle passerait à gauche du point visé, et la portée serait encore diminuée si l'arme était penchée à gauche. Ces effets sont d'autant plus marqués que l'arme est plus penchée et que la distance du but est plus grande. Ils augmentent en outre par cela seulement que le cran de mire s'élève; de sorte qu'aux grandes distances il est bien plus nécessaire qu'aux petites de maintenir la ligne de mire dans le plan de tir.

On remarque dans le tir des carabines à tige, un fait indépendant de la position de la ligne de mire par rapport au plan de tir, et que l'on pourrait attribuer à une irrégularité de position de cette ligne, s'il ne se produisait pas dans le tir des armes construites avec le plus d'exactitude. Voici ce fait :

La plus grande partie des balles tirées dans les meilleures conditions, par des hommes suffisamment exercés, épaulant à droite, portent à droite du point visé, l'atmosphère étant d'ailleurs parfaitement calme. Il ne faut pas confondre cet écart des balles sur la droite, du plan de tir, avec la *dérivation* (1), qui peut être considérée comme à peu près nulle dans la carabine à tige du modèle 1846. Quelle que soit la cause de l'écart dont il s'agit, qu'il soit produit par le recul de l'arme, ou par un mouvement involontaire du bras droit du tireur lorsqu'il presse sur la détente, et pendant que le chien s'abat sur la capsule, les officiers chargés de diriger le tir, en tiendront compte après l'avoir observé sur chaque tireur en particulier; car, cet écart varie suivant la position et l'habileté des tireurs; chez quelques-uns on ne le remarque pas, et ceux qui épaulent à gauche ont souvent un écart à gauche.

Toutes les précautions minutieuses recommandées ci-dessus seraient généralement inutiles, s'il s'agissait d'une arme ordinaire dont les déviations dépasseraient de beaucoup les erreurs de tir que ces précautions permettent d'éviter. Mais comme la carabine à tige se distingue par une portée et par une justesse dont aucune arme portative ancienne ou moderne n'a jamais approché, on ne saurait trop s'efforcer d'étudier et de mettre en pratique toutes les conditions qu'il faut remplir pour qu'une arme aussi puissante ne perde rien de ses effets.

Quelque grande que soit la justesse de la carabine à tige, elle a cependant une limite qui diffère pour chaque distance de tir, et nécessairement, elle décroît à mesure que la distance augmente. Le tableau suivant donne les écarts moyens horizontaux et verticaux de la carabine à tige, chargée avec toute la régularité possible et pointée à l'aide d'un affût suivant des directions invariables.

---

(1) La *dérivation* est une déviation latérale de la balle oblongue animée d'un mouvement de rotation trop rapide. La *dérivation* a lieu sur la droite ou sur la gauche du plan de tir, suivant que le canon est rayé de gauche à droite, ou de droite à gauche.

DISTANCES DE TIR.	ÉCARTS HORIZONTAUX MOYENS.	ÉCARTS VERTICAUX MOYENS.
150 mètres.	0 mètre 12	0 mètre 13
250	0 20	0 21
350	0 28	0 30
400	0 32	0 35
500	0 41	0 45
600	0 51	0 56
700	0 62	0 75
800	0 75	1 00
900	0 95	1 50
1000	1 25	2 10

Parmi les influences extérieures qui ont une action sur le tir des armes, l'agitation de l'atmosphère est une de celle dont on doit le plus souvent se préoccuper. Si le vent souffle de droite, par exemple, la balle est jetée à gauche. Elle sera jetée à droite si le vent souffle de gauche, soulevée si le vent souffle d'arrière, abaissée s'il souffle de face, soulevée et jetée à gauche en même temps, si le vent vient d'arrière et de droite.

La déviation produite par le vent, sera d'autant plus grande que la distance de tir sera plus considérable ; elle croîtra même beaucoup plus rapidement que les distances. L'expérience seule peut indiquer aux tireurs l'éloignement du point qu'il faut viser à droite du but, pour neutraliser l'action d'un vent soufflant de droite, et les modifications que l'on doit faire subir aux règles de tir, lorsqu'on veut remédier aux effets d'un vent soufflant debout, etc. L'intensité et la direction des vents sont choses trop variables pour que l'on puisse indiquer des règles précises, dans le but de corriger l'action du vent sur le tir. Voici cependant des résultats d'expérience, qui permettent d'apprécier l'influence du vent sur le tir de la carabine à tige.

Sous l'action d'un vent fort soufflant de droite ou de gauche, perpendiculairement au plan de tir, les balles de la carabine à tige sont jetées à gauche ou à droite de ce plan :

De 0 mètre	12 centimètres	à	200 mètres.
0	33		300
0	54		400
0	89		500
1	46		600
2	29		700
3	50		800
4	92		900
6	68		1000

Ce n'est pas seulement en agissant sur la balle pendant son trajet, que le vent contrarie le tir ; c'est encore en empêchant le tireur de maintenir son arme immobile.

La température et l'humidité de l'atmosphère ont aussi une action sur le tir, mais il est à peu près impossible d'estimer cette action autrement que par des coups d'essai d'après lesquels on peut régler les hausses. On observe généralement par les temps secs des portées plus grandes que par des temps humides. Il n'est pas nécessaire de dire que toutes les variations atmosphériques se font incomparablement plus sentir aux grandes distances qu'aux petites.

Lorsqu'on tire sur un but qui se meut, on doit tenir compte du mouvement de ce but, et ne pas diriger la ligne de mire sur le point où il se trouve au moment du tir, mais sur celui où l'on juge qu'il sera placé, quand la balle aura franchi la distance.

Ainsi, par exemple, si l'on tire sur un cavalier lancé au galop de son cheval, dans une direction perpendiculaire au plan de tir, il faudra que la ligne de mire se meuve dans le sens où le cavalier se meut lui-même, et soit dirigée en avant du cavalier, d'autant plus en avant, qu'il est plus éloigné.

Lorsqu'on ouvrira le feu sur l'ennemi ; après avoir apprécié sa distance et réglé le tir d'après cette appréciation, il faudra tâcher de voir où portent les premiers coups. Si l'on peut estimer approximativement la distance à laquelle les balles ont touché le sol en deçà ou au-delà de l'ennemi, il sera facile de régler convenablement le tir des coups qui suivront. Si, par exemple, on reconnaît que les premières balles on touché le sol à 100 mètres en avant de l'ennemi, il faudra viser avec la ligne de mire qui correspond à une distance de 100 mètres, plus grande que celle pour laquelle le tir avait été réglé d'abord, et ne pas perdre le temps à hausser par degrés insensibles le cran de mire du curseur, ou à modifier d'une manière insignifiante les règles relatives aux premières lignes de mire. Afin de pouvoir reconnaître où portent les premières balles, il sera avantageux de chercher, en ouvrant le feu, à porter plutôt en deçà qu'au-delà de l'ennemi ; car on apercevra beaucoup mieux en général les effets du ricochet des balles sur le sol, lorsque ces ricochets auront lieu en avant de l'ennemi que, quand ils se produiront au-delà ; de plus, en cherchant d'abord à rendre les coups plutôt courts que longs, on aura la chance d'atteindre l'ennemi par ricochets.

CHAPITRE DEUXIÈME.

Des Prix de tir dans les bataillons de Chasseurs à pied.

Les prix de tir seront distribués dans les bataillons de chasseurs à pied, à la suite des exercices annuels de tir, et autant que posssible, en présence des inspecteurs-généraux. Ces prix seront au nombre de neuf par bataillon.

Deux prix seront accordés aux sous-officiers.

Six aux caporaux, sapeurs, clairons, aux anciens et aux jeunes soldats.

L'un des prix réservés aux sous-officiers sera décerné d'après les résultats des tirs à la cible de l'année, l'autre sera donné au concours.

Deux des prix accordés aux caporaux, sapeurs, clairons, aux anciens et aux jeunes soldats, seront distribués d'après les résultats des tirs à la cible de l'année; les quatre autres seront donnés au concours.

Le premier prix de tir sera décerné d'après les résultats du tir à la cible de l'année; il sera obtenu par le tireur de première classe, qui aura mis la plus grande somme de balles dans les cibles, soit que ce tireur appartienne à la classe des sous-officiers, soit qu'il se trouve parmi les caporaux, sapeurs, clairons, anciens ou jeunes soldats.

Chaque prix consistera en une épinglette à écusson et à chaîne d'argent. Le premier prix de tir sera distingué des huit autres par un écusson doré. Les écussons porteront un cor de chasse en relief.

La même compagnie pourra, le cas échéant, recevoir la plus grande partie ou même la totalité des prix.

Les tireurs qui auront obtenu les quatre prix qui se donnent d'après les résultats des tirs à la cible, seront admis au concours et pourront y gagner quatre autres prix.

Si plusieurs tireurs ayant mis la même quantité de balles dans le but pendant l'année, avaient droit à l'un des prix qui se donnent d'après les résultats des tirs à la cible, ou à un nombre de prix qui ne permettrait pas le partage, les deux concours auxquels ces tireurs prennent part, trancheraient entre eux la question.

Il y aura un concours pour les sous-officiers, et un autre pour les caporaux, clairons, sapeurs, anciens et jeunes soldats.

Ne seront admis au concours des sous-officiers que les

dix premiers tireurs de la première classe formée d'après les résultats de tous les tirs à la cible.

Ne seront admis au concours des caporaux, clairons, sapeurs, anciens et jeunes soldats, que les trente premiers tireurs de la première classe, formée d'après les résultats de tous les tirs à la cible.

Toutefois, un plus grand nombre de sous-officiers, de caporaux et de jeunes soldats, serait admis au concours, si plusieurs tireurs des premières classes, ayant mis le même nombre de balles, étaient classés au même rang, dans l'une ou l'autre des deux catégories; et si, pour compléter le nombre des concurrents, on était obligé de prendre quelques-uns de ces tireurs; dans ce cas, il serait de toute justice d'admettre au concours tous les tireurs dont il vient d'être question.

Si le nombre des tireurs de première classe, dans l'une ou l'autre catégorie, est moindre que celui des prix, le nombre des prix de chaque catégorie sera réduit à celui de ses tireurs de première classe.

S'il n'y a pas de tireur de première classe, ni dans la catégorie des sous-officiers, ni dans celle des caporaux et soldats, il n'y aura pas de prix de tir dans le bataillon.

Le chef de bataillon présidera au concours, et en fera observer rigoureusement les règles. Le lieutenant-instructeur aidé d'un sergent-instructeur de tir, sera chargé de constater et d'inscrire les résultats de tir, de vérifier la mesure de la distance, de faire distribuer les cartouches aux tireurs.

Le concours entre les sous-officiers, et celui qui aura lieu entre les caporaux et soldats, seront réglés d'après le programme suivant :

Art. 1er.

Le sort décidera de l'ordre suivant lequel les concurrents tireront.

Art. 2.

Le but sera le centre d'un panneau circulaire ayant 1 mètre de rayon, et placé à 250 mètres de distance du tireur; le milieu du panneau sera marqué par le centre d'un cercle noir du diamètre de 20 centimètres.

Art. 3.

Chaque concurrent tirera de suite six balles.

Art. 4.

Lorsqu'un concurrent aura tiré ses six balles, on mesurera les écarts de celles qui auront touché le panneau. Le lieutenant-instructeur de tir veillera à ce que l'on prenne très-exactement cette mesure, on tiendra note, et additionnera les écarts exprimés en millimètres. Lorsque les écarts des balles d'un tireur seront mesurés, on couvrira les trous du panneau avec de petits morceaux de papier enduits de colle.

On considérera, comme ayant manqué le panneau, les balles qui le toucheraient par ricochet.

Art. 5.

Le sous-officier qui aura, sur six balles ayant touché le but, la plus petite somme d'écarts, obtiendra le prix réservé aux sous-officiers du bataillon.

Art. 6.

Les quatre concurrents de la classe des caporaux et soldats qui auront, sur six balles ayant touché le but, les plus petites sommes d'écarts, obtiendront les prix destinés à leur classe.

Art. 7.

Les tireurs ayant manqué une fois le panneau, n'auront des droits aux prix que dans le cas où ceux qui l'auraient touché six fois, seraient moins nombreux que les prix. Il en serait de même des tireurs ayant manqué deux fois, par rapport à ceux qui n'auraient manqué qu'un seul coup. Dans chacune de ces divisions de tireurs, les plus petites sommes d'écarts emporteront les prix.

ART. 8.

Si plusieurs concurrents ayant obtenu les mêmes sommes d'écarts, avaient droit à l'un des prix ou à un nombre de prix qui ne permettraient pas le partage, ils tireraient chacun une septième balle; si les septièmes balles donnaient encore des écarts égaux, on ferait tirer par chacun des concurrents une huitième balle, et ainsi de suite, jusqu'à ce que l'on pût trancher la question par la différence des écarts.

ART. 9.

Les concurrents ne pourront prendre, dans le tir, d'autre position que celle du tireur isolé debout; ils ne garderont pas le sac.

Chaque tireur devra charger lui-même son arme.

ART. 10.

Le tir aura lieu, autant que possible, dans la même séance, pour tous les concurrents du bataillon. On commencera par le concours des sous-officiers.

Si, pendant l'une des séances, le temps éprouvait des variations telles que les tireurs appelés à faire feu les derniers, eussent un désavantage marqué sur les premiers tireurs, la séance serait suspendue et reprise en temps opportun, d'après les ordres du chef de bataillon.

ART. 11.

Les compagnies détachées prendront part aux concours. Le lieutenant-instructeur de tir assistera au concours de ces compagnies; il fera mesurer la distance et les écarts, prendra note des écarts de chaque concurrent, vérifiera les cordeaux et les règles, afin que les conditions du concours soient les mêmes pour tout le bataillon.

Le pied du panneau circulaire sur lequel seront mesurés les écarts des balles, devra être élevé de 1 mètre au moins au-dessus du terrain horizontal, afin que l'on puisse constater facilement les ricochets. Dans un polygone, on placera ce panneau à 1 mètre au-dessus du pied du talus de la butte. Dans les localités où l'on n'aura point de polygone, on placera le pied du panneau sur un petit tertre de 1 mètre de hauteur.

La mesure des écarts se fera au moyen d'une règle graduée en millimètres sur une longueur de 1 mètre. Pour se servir de cette règle et mesurer exactement et rapidement les écarts, on plantera, au centre du panneau, une pointe en saillie du côté du tireur. La règle sera percée d'un trou circulaire du diamètre de la pointe ; le centre du trou correspondra au zéro de la graduation de la règle ; on fera tourner celle-ci autour de la pointe, et l'on prendra facilement, à 1 millimètre près, la longueur de chaque écart, mesurée par la plus petite distance du centre du panneau à la circonférence de chaque trou de balle.

CHAPITRE TROISIÈME.

Du matériel d'instruction. — Munitions, Cibles, Cordeaux, etc.

DES CARTOUCHES DE CARABINE A TIGE.

Éléments de la cartouche à double enveloppe, et à balle oblongue de carabine à tige.

1° La balle oblongue du poids de 47 gr. 5, du calibre de 0 m. 0172.

On distingue dans la balle, la partie antérieure ogivale, la pointe arrondie, la base plane qui s'appuie sur la tranche plane de la tige dans le forcement; les trois cannelures dont les arêtes vives jouent un rôle important dans le tir, par les résistances directrices qu'elles déterminent. Une balle doit être regardée comme défectueuse lorsque ses cannelures et leurs arêtes vives ne sont pas nettement dessinées;

2° La charge de poudre du poids de 4 gr. 50.

3° Un petit rectangle de carton de la consistance d'une carte à jouer (base 0 m. 082, hauteur 0 m. 042);

4° Un petit trapèze de papier (grande base 0 m. 170, petite base, 0 m. 145, hauteur 0 m. 063);

5° Un trapèze enveloppe (grande base 0 m. 150, petite base 0 m. 080, hauteur 0 m. 155);

9° De la graisse composée de quatre parties de suif et d'une de cire.

ÉLÉMENTS DU PAQUET DE CARTOUCHES.

1° Six cartouches;

2° L'enveloppe rectangulaire en papier bleu, épais et fort (base 0 m. 34, hauteur 0 m. 14);

3° Un petit sachet de huit capsules, placé sous l'un des plis de l'enveloppe;

4° Un bout de ficelle de 0 m. 50 de longueur.

COULAGE DES BALLES.

Pour couler les balles, on se sert de moules en bronze, à deux rangées de cinq coquilles chacune. Dans chaque coquille, on distingue le creux de la balle, et le jet qui aboutit à la rigole dans laquelle on verse le plomb. Les moules sont à charnière; ils s'ouvrent et se ferment au moyen de deux poignées garnies en bois. Ils sont tenus fermés par un crochet en fer.

Le plomb est fondu dans une chaudière en fonte ou au besoin dans une marmite. Dès que le plomb entre en fusion, on le recouvre d'une couche de charbon pilé, épaisse de 0 m. 02, afin d'empêcher l'oxidation de la surface du bain. On chauffe jusqu'à ce qu'un morceau de papier, en contact avec le plomb, se charbonne et prenne feu.

Pour verser le liquide dans les moules, on emploie une cuillère en fer, remplie aux trois quarts de plomb recouvert de charbon. On verse le plomb en écartant le charbon avec un morceau de bois. L'une des rangées de coquilles étant remplie, on la laisse refroidir un instant, et l'on retourne le moule pour remplir l'autre rangée.

Il faut toujours rejeter les premières coulées dans la chaudière, parce que le moule ne donne des balles régulières qu'après avoir été suffisamment échauffé. Tant que les balles ne sont pas dépouillées de gerçures, et que les arêtes vives des cannelures ne sont pas bien marquées, il faut continuer à rejeter les coulées, à échauffer le moule ; si l'on ne parvient pas après cinq à six coulées, à obtenir des balles parfaitement régulières, il y a lieu de penser que la température du bain de plomb n'est pas assez élevée, que l'on doit par conséquent activer le feu sous la chaudière. On ferme le moule en serrant le crochet et en frappant dessus avec un maillet ; on l'ouvre en frappant sur le crochet pour le desserrer. On doit s'assurer pendant le coulage que des bavures de plomb, près des coquilles, n'empêchent pas la fermeture exacte du moule. On enlève ces bavures avec une curette de bois, et jamais avec une lame de fer ou d'acier.

Pour dégager les rangées de balles du moule, après l'avoir ouvert, on emploie une tenaille avec laquelle on pince le plomb de la rigole. En retirant les balles, il faut avoir soin de ne point les déformer ; ce à quoi l'on ne parvient qu'en faisant effort dans la direction de la perpendiculaire aux faces internes du moule. Lorsque les rangées de balles sont dégagées, on les place avec précaution dans un panier.

Les jets sont ensuite coupés au moyen d'une cisaille dont les mâchoires sont planes. Comme la base de la balle est plane, il est très-facile de bien couper le jet, en joignant le tranchant des mâchoires à la base du projectile. On doit prendre garde en coupant les jets de ne point laisser tomber les balles de trop haut dans les caisses qui les reçoivent.

Les balles sont de calibre lorsqu'elles passent dans une lunette du diamètre de 17 mill. 3, et qu'elles ne passent point dans une seconde lunette du diamètre de 17 mill. 1.

Ustensiles et objets nécessaires à la confection des cartouches à double enveloppe.

Une table, des bancs, des caisses sans couvercles pour poser les cartouches roulées.

Des mandrins en laiton et en bois, ou même au besoin tout entiers en bois et conformes au croquis coté (*fig.* 3). Des bouts de canon du calibre de 17 mill. 6, ou au besoin un canon de carabine pour calibrer les cartouches, une mesure à poudre contenant la charge de 4 gr. 50 cent., un entonnoir pour remplir les cartouches, du savon pour frotter des mandrins, de la poudre en tas dans la caisse à poudre, du papier, du carton, des balles, des couteaux pour couper le papier et le carton, une règle en fer pour diriger le couteau dans la coupe du carton, des bouts de ficelle, du suif et de la cire mélangés, dans les proportions indiquées ci-dessus, une petite chaudière peu profonde, ou au besoin un vase de terre pour faire fondre la graisse, des caisses ou des barils destinés à recevoir les paquets de cartouches.

CONFECTION DES CARTOUCHES.

1° *Roulage.* — Pour rouler la cartouche, placer un rectangle de carton sur un petit trapèze ; l'un des grands côtés du rectangle débordant de 0 m. 001, la petite base du trapèze, l'un des petits côtés du même rectangle coïncidant avec le côté du trapèze perpendiculaire aux bases. Poser le mandrin sur le carton, parallèlement aux petits côtés du rectangle, le rebord du mandrin joignant le grand côté de ce rectangle, la cavité tournée du côté de la grande base du trapèze, rouler ensemble sur le mandrin le rectangle de carton et le trapèze de papier ; placer le mandrin verticalement, l'extrémité non garnie appuyée sur la table, maintenir le rouleau avec la main gauche ; faire un premier pli, en commençant par l'angle aigu du trapèze et en enfonçant le papier qui dépasse le carton, dans la cavité du mandrin. Faire un second pli, opposé au premier, en enfonçant le restant du papier dans la cavité. Prendre une balle, introduire la partie ogivale dans la cavité du mandrin, pour serrer les plis, en ayant soin de ne point déchirer ni trouer le papier. Le mandrin étant ainsi garni de l'étui de la poudre, prendre un grand trapèze enveloppe de balle, placer le mandrin garni perpendiculairement aux bases du trapèze, engager et serrer l'ogive de la balle dans la cavité, la partie plane postérieure de la balle, à 0 m. 012 de la grande base du trapèze. Rouler l'enveloppe sur la balle et sur le mandrin garni, faire quatre plis sur la base plane de la balle, en commençant par l'angle aigu du trapèze, serrer les plis en frottant et pressant la base de la cartouche sur la table. Pour retirer le mandrin, appuyer la base de la cartouche sur la table, serrer l'étui de carton avec la main gauche, soulever le mandrin avec la main droite, placer ensuite la cartouche roulée dans la boîte.

2° *Remplissage.* — Les cartouches étant debout dans les caisses, les remplir en tenant de la main gauche l'entonnoir que l'on engage dans la cartouche, et de l'autre la petite mesure avec laquelle on puise dans le tas de poudre, d'une manière uniforme.

3° *Pliage.* — Pour plier la cartouche, la tenir droite, la base touchant la table ; frapper légèrement plusieurs coups sur la table, avec la base de la cartouche, afin de tasser la poudre ; faire entrer le papier qui dépasse le carton, dans l'intérieur de l'étui, en serrant le papier sur les bords du carton, pour que la balle soit réunie à l'étui de la poudre. Plier et serrer le papier dans l'intérieur de l'étui, afin de mieux tasser et conserver la poudre ; laisser en dehors de l'étui sur le côté de la cartouche, un centimètre environ de la longueur du trapèze roulé.

4° *Graissage.* — Tremper dans le bain de graisse, une à une par la base, sur une longueur de 0 m. 01, les cartouches pliées,

5° *Empaquetage.* — Placer sur l'enveloppe rectangulaire, deux couches de trois cartouches chacune, les balles alternant dans chaque couche et d'une couche à l'autre, les cartouches parallèles aux petis côtés du rectangle, envelopper et serrer fortement, rabattre et plier le papier qui dépasse les bouts. Placer le petit sachet de capsules sous le pli de l'un des côtés du paquet de cartouches. Lier le paquet dans la longueur, puis dans la largeur, avec un bout de ficelle arrêté par un nœud droit gansé.

Pour faire le sachet de huit capsules, on se sert d'une petite fourchette en laiton, mais on peut employer au besoin une fourchette en bois que l'on construit facilement avec un couteau. La fourchette en bois est représentée par un croquis coté (*fig.* 4).

Le sachet se compose, 1° d'un rectangle de papier à cartouches ayant 0 m. 18 de base et 0 m. 12 de hauteur; 2° d'une languette formée au moyen d'un rectangle de papier plié en quatre dans le sens de sa longueur. Le rectangle de la languette a 0 m. 12 de base et 0 m. 09 de hauteur. Il est la moitié du premier rectangle.

Pour construire le sachet, on place le grand rectangle sur la table, et la fourchette à plat sur le rectangle parallèlement aux petits côtés, à 0 m. 035 environ du petit côté le plus rapproché du corps; le manche de la fourchette à droite; l'extrémité des dents à 0 m. 035 environ de la base de gauche. On place ensuite les capsules sur deux rangées de quatre entre les dents de la fourchette, les rebords en dessous. On met la languette entre les deux rangées de capsules, une de ses extrémités sur les deux capsules de droite, l'autre débordant à gauche la base du rectangle, On relève la partie du rectangle qui se trouve du côté du corps, on la replie sur la fourchette et la languette; on saisit alors la fourchette en serrant le papier des deux mains, et on la fait tourner pour l'envelopper avec la partie libre du rectangle. Il faut ensuite replier sur le rectangle le bout de la languette qui déborde; faire un second pli sur les capsules avec la partie du rectangle qui déborde les dents; retirer la fourchette de la main droite en maintenant les capsules avec les trois premiers doigts de la main gauche. Faire un dernier pli sur le sachet avec la partie du rectangle qui enveloppait le manche de la fourchette.

DES CARTOUCHES SANS BALLES.

Les cartouches sans balles se composent d'un trapèze en papier et d'une charge de poudre de 7 grammes. Il est essentiel que la charge de poudre soit bien de 7 grammes, afin que le soldat, en bourrant le papier sur la poudre, ne puisse jamais dégrader la fraisure de baguette sur la tige. Il faut 6 grammes 30 de poudre pour remplir l'espace compris entre la tige et les parois du canon. A la rigueur, on ne risquerait pas de toucher la tige avec la baguette en employant une charge de 6 grammes; mais pour suppléer à la perte d'une partie de la charge, il convient de ne jamais faire des cartouches à blanc contenant moins de 7 grammes de poudre.

Le trapèze des cartouches sans balles a 0 m. 105 de hauteur, 0 m. 115 de grande base, et 0 m. 06 de petite base.

On roule ces cartouches sur un mandrin du diamètre de 0 m. 016, d'une longueur de 0 m. 19, hémisphérique à l'une de ses extrémités. En formant les plis sur la partie arrondie du mandrin, on a soin de tordre le quatrième pli avant de le rabattre. Après avoir roulé et plié le trapèze sur le mandrin, on se sert d'un dé (*fig.* 5) ou d'un sabot (*fig.* 6), pour serrer les plis. On coiffe avec le dé la partie arrondie du mandrin enveloppé, on tient le pouce de la main droite sur le dé, et avec les doigts de cette main, on serre le dé et le mandrin, on frappe ensuite deux ou trois coups sur la table. Lorsqu'on emploie le sabot, on engage la partie du mandrin sur laquelle sont formés les plis, dans le trou du sabot, et l'on presse le mandrin dans le fond du trou, en tournant la main pour bien serrer les plis; on dégage l'étui de papier, et on le pose dans la caisse.

Les cartouches sans balles sont remplies à l'aide d'une mesure contenant 7 grammes de poudre.

Pour plier les cartouches sans balles, on forme un premier pli rectangulaire, en croisant le bout libre du trapèze sur la poudre ; on fait ensuite un second pli pour ramener le bout libre sur la cartouche.

L'empaquetage des cartouches sans balles se fait comme celui des autres cartouches, mais les paquets renferment 10 cartouches au lieu de 6 ; les sachets, 12 capsules au lieu de 8. Le sachet de 12 capsules peut se confectionner avec la fourchette en bois qui sert à construire les sachets de 8. On place les capsules par rangée de 6 entre les dents de la fourchette, en ayant soin de mettre dans chaque rangée les rebords alternativement en dessus et en dessous. De cette manière, la longueur du sachet est assez petite pour ne point déborder les côtés du paquet. L'enveloppe du paquet est en papier de cartouches, et peut avoir les mêmes dimensions que celles du paquet de 6 cartouches à balles. La longueur du bout de ficelle est la même pour les deux espèces de paquets.

Ces détails sur la confection des munitions sont placés dans l'instruction provisoire, à titre de renseignements utiles en certaines circonstances ; mais on ne doit point en charger la mémoire des sous-officiers, encore moins celle des soldats

CIBLES, CORDEAUX, ETC.

Indépendamment des munitions, le matériel nécessaire à l'instruction de tir d'un bataillon se compose :

1° De huit cibles.

2° De quatre doubles cibles.

La double cible ne diffère de la cible simple que par sa largeur qui est de 1 mètre.

Les buts sur lesquels on dirige les coups, dans les divers exercices de tir, seront établis conformément aux prescriptions, avec des cibles simples, ou des doubles cibles, ou avec les deux espèces de cibles réunies, suivant qu'on le trouvera plus convenable.

Les anciennes cibles, dont la largeur est de 0 m. 57,

doivent être ramenées à celle de 0 m. 50 ; il sera très-facile d'effectuer cette modification.

3° D'un chevalet de pointage par compagnie ; d'un chevalet de pointage pour les jeunes soldats.

Si l'on obtient dans les bataillons, comme cela est certainement possible, de bons résultats en employant les sacs de pointage, on devra, tout en utilisant les chevalets existants, faire à l'avenir l'économie des frais de construction de ces appareils. Les sacs renfermant les capsules ont des dimensions qui permettent de les employer comme sacs de pointage.

4° De quatre cordeaux de 25 mètres, à poignées en bois, par compagnie ; de six cordeaux semblables pour les jeunes soldats.

5° De deux doubles mètres gradués et ferrés à chaque extrémité.

6° D'une chaîne d'arpenteur pour la mesure exacte des distances de tir.

7° D'un panneau circulaire et d'une règle graduée, pour la mesure de l'adresse des tireurs.

8° D'un fanion par compagnie, de deux fanions pour les jeunes soldats.

9° De couleur noire, pinceaux, papier, colle, pour la réparation des cibles.

La cible se compose de deux montants en fer assemblés au moyen de quatre traverses rivées sur les montants. Les montants se terminent par des pointes qui dépassent la traverse inférieure de 0 m. 15 environ. Ces pointes servent à planter la cible dans le sol. Un arc-boutant en fer, indépendant de la cible, sert à le maintenir par derrière. Lorsque la cible est plantée, on engage le crochet de l'arc-boutant dans l'anneau faisant corps avec la seconde traverse, le bec du crochet en dessus ; on plante l'arc-boutant, et la cible se trouve fixée.

Le cadre en fer de la cible est revêtu d'un manchon en toile de coton, recouvert de papier collé.

Après le tir, on colle des morceaux de papier sur les trous de balles, et à la longue, ces morceaux collés et superposés forment à la surface de la cible une feuille de carton résistant.

Ces cibles sont d'un très-bon entretien.

Sur le champ de tir, il faut avoir soin de placer la surface de la cible dans un plan vertical perpendiculaire au plan de tir, et d'aplanir le terrain devant elle. On perdra beaucoup de ricochets, si on plante les cibles à une certaine hauteur, sur un talus fortement incliné.

CHAPÎTRE QUATRIÈME.

Des Livrets de tir.

Un livret de tir est tenu dans chaque compagnie par le sergent-instructeur de tir, sous la surveillance du commandant de la compagnie.

Le livret de tir des jeunes soldats et celui du bataillon, sont tenus par le lieutenant-instructeur de tir.

Le livret de compagnie contient les résultats de tir obtenus par les sous-officiers, caporaux et anciens soldats de la compagnie.

Le livret des jeunes soldats, semblable à celui de chaque compagnie, contient les résultats de tir des jeunes soldats du bataillon.

Le livret de bataillon est un résumé des notes contenues dans les livrets de compagnie et dans celui des jeunes soldats.

FIN.

LIVRETS DE TIR

DE

Bataillon et de Compagnie.

(Chasseurs à Pied.)

9.

ANNÉE 1848.

Livret de Tir de Compagnie.

4e BATAILLON DE CHASSEURS A PIED.

1re COMPAGNIE.

Premier relevé des balles mises dans les cibles aux diverses distances de tir, par les sous-officiers, caporaux et anciens soldats.

Nos d'ordre.	NOMS.	GRADES.	12 Avril. — 150.m	14 Avril. — 225.m	17 Avril. — 250.m	21 Avril. — 300.m	22 Avril — 325.m	24 Avril. — 350.m	25 Avril. — 400.m	TOTAUX des balles mises.
1	Valouse.....	Serg.-major	4	3	3	2	3	4	3	22
2	Renard......	Serg.-de tir.	4	4	4	3	4	4	4	27
3	Guérin......	Sergent...	4	4	3	2	3	4	2	22
4	Fournes.....	id....	4	4	4	3	3	4	4	26
5	Verger......	id....	4	3	4	3	1	3	1	19
6	Grus........	id....	4	3	3	3	2	3	2	20
7	Nance.......	Fourrier...	3	2	0	4	1	2	1	13
8	Mancy.......	Caporal..	4	3	4	3	"	"	"	14
9	Vallières.....	id.....	2	3	2	2	2	1	2	14
	A reporter........		33	29	27	26	19	25	19	177

N.os d'Ordre.	NOMS.	GRADES.	12 Avril — 150.m	14 Avril — 225.m	17 Avril — 250.m	21 Avril — 300.m	22 Avril — 325.m	24 Avril — 350.m	25 Avril — 400.m	TOTAUX des balles mises.
	Report.	....	33	26	27	25	19	25	19	177
10	Vincelles......	Caporal.	4	3	3	2	"	3	2	17
...	....	....	....	....	....	....	....	....	....	....
66	Montaigu.....	Chasseur..	4	4	4	4	4	4	4	28
67	Macornay.....	id	4	4	4	4	3	4	4	27
68	Sellières.....	id	4	4	3	4	4	4	4	27
69	Montpôle......	id	4	3	0	2	"	3	2	14
70	Solvan.......	Sapeur....	2	2	3	3	1	0	2	13
	Totaux des balles mises...	....	210	200	200	180	150	160	130	1230
	Totaux des balles tirées.....	....	276	272	268	272	260	276	260	1884
	Pour 100..	....	76,1	73,5	74,6	66,2	57,7	58,0	50,0	65,3
	Liste supplém.re des hom.es venus d'autres comp.									
	Lamy......	Caporal..	3	2	1	3	2	1	2	14

4e BATAILLON DE CHASSEURS A PIED.

1re COMPAGNIE.

Deuxième relevé des balles mises dans les cibles aux diverses distances de tir, par les sous-officiers, caporaux et anciens soldats.

CLASSE DE 1re FORMATION.			Totaux des balles		2 Mai —	4 Mai —	5 Mai —	8 Mai —	14 Mai —	17 Mai —	20 Mai —	25 Mai —	Totaux des balles	
Nos d'ordre.	NOMS	GRADES.	déjà tirées	déjà mises	450 mèt.	500 mèt.	550 mèt.	600 mèt.	700 mèt.	800 mèt.	900 mèt.	1000 mèt.	tirées	mises
	1re classe des sous-officiers													
1	Renard	Sergent	28	27	3	2	3	1	2	2	2	0	60	42
2	Fournès	id.	28	26	4	3	4	4	3	2	2	0	60	48
3	Valouse	Serg-maj	28	22	3	3	3	3	2	1	1	1	60	39
	Guérin	Sergent	28	22	2	2	1	3	2	1	1	1	60	35
5	Grus	id	28	20	1	2	2	1	»	0	1	1	56	28
6	Verger	id	28	19	2	1	2	1	0	1	1	2	60	29
	Totaux des balles mises		....	136	15	13	16	13	9	7	8	5	....	221
	Totaux des balles tirées		168	....	24	24	24	24	20	24	24	24	356	....
	Pour 100		....	81,0	62,5	64,2	62,5	54,2	45,0	29,2	33,3	20,8	....	62,1
	2e classe des sous-officiers													
1	Nance	Fourrier	28	13	2	2	2	1	2	1	0	1	60	24
	Pour 100		....	46,4	....	....	....	....	....	....	....	....	....	40,0

CLASSE DE 1re FORMATION.			Totaux des balles.		2 Mai	4 Mai	5 Mai	8 Mai	14 Mai	17 Mai	20 Mai	25 Mai	Totaux des balles.	
N.os d'ordre.	NOMS.	GRADES.	déjà tirées.	déjà mises.	450 mèt.	500 mèt.	550 mèt.	600 mèt.	700 mèt.	800 mèt.	900 mèt.	1000 mèt.	tirées.	mises.
	3e classe des sous-officiers.													
	Néant.													
	1re classe des caporaux et Soldats													
1	*Montaigu*	*Chasseur.*	28	28	4	4	3	4	3	3	3	3	60	55
2	*Macornay*	*id.*	28	27	4	3	3	4	3	3	3	2	60	52
	Sellières	*id.*	28	27	3	4	3	4	3	3	2	2	60	51
	....	....	....	....	....	....	....	....	....	....	....	....	....	....
	Totaux *des balles mises.*			588	60	62	54	50	48	40	30	24	....	956
	Totaux *des balles tirées.*		840	....	120	120	116	112	116	112	120	120	1776	....
	Pour 100		....	70,0	60,0	51,7	46,6	44,6	41,4	35,7	25,0	20,0	....	53,8
	....	....	....	....	....	....	....	....	....	....	....	....	....	....
	Liste supplémentaire des hommes venus d'autres compagnies.													
	Valmart	*Caporal.*	28	24	4	4	3	2	1	2	1	2	60	43

4e BATAILLON DE CHASSEURS A PIED.

1re COMPAGNIE.

Liste des classes de seconde formation des sous-officiers, caporaux et anciens soldats.

Nos d'ordre	NOMS.	GRADES.	Balles tirées.	Balles mises.	Nos d'ordre	NOMS.	GRADES.	Balles tirées.	Balles mises.
	1re classe des sous-officiers					Report...	....	116	57
1	Fournès........	Sergent.	60	48	3	Nance..........	Sergent..	60	24
2	Renard.........	Serg-detir.	60	42		Totaux...	....	176	87
3	Valouse........	Serg-major	60	39		3e classe des sous-officiers. Néant.			
4	Guérin.........	Sergent..	60	35		1re classe des caporaux et soldats.			
	Totaux.	....	240	164	1	Montaigu.......	Chasseur	60	55
	2me classe. des sous-officiers.				2	Marconay.......	id...	60	52
1	Verger.........	Sergent.	60	29	3	Sellières.......	id...	60	51
2	Grus...........	id...	56	28					
	A reporter..	....	116	57		A Reporter.	....	180	158

Relevé des balles mises dans les cibles par les différentes classes de tireurs.

NUMÉROS DES CLASSES.	CLASSES DE 1res FORMATION.				CLASSES DE 2e FORMATION.			
	Nombre de tireurs.	Balles tirées.	Balles mises.	Pour 100	Nombre de tireurs.	Balles tirées.	Balles mises.	Pour 100.
SOUS-OFFICIERS.								
1re classe	6	168	-136	81,0	4	240	164	68,3
2e classe	1	28	13	46,4	3	176	81	46,0
3e classe	0	0	0	0	0	0	0	0,
Totaux et moyennes	7	196	149	76,0	7	416	245	58,9
CAPORAUX ET ANCIENS SOLDATS.								
1re classe	30	840	588	70,0	20	1200	720	60,0
2e classe	20	552	240	43,5	20	1180	472	40,0
3e classe	24	660	200	30,3	34	2000	400	20,0
Totaux et moyennes	74	2052	1028	50,1	74	4380	1592	36,3
SOUS-OFFICIERS, CAPORAUX ET ANCIENS SOLDATS RÉUNIS.								
1re classe	36	1008	724	71,8	24	1440	884	61,4
2e classe	21	580	253	43,6	23	1356	553	40,8
3e classe	24	660	200	30,3	34	2000	400	20,0
Totaux et moyennes	81	2248	1177	52,4	81	4796.	1837	38,3

FEUX DE TIRAILLEURS

CLASSES DE 2e FORMATION	1re SÉANCE DU 1er JUIN. Distance de la base du mouvement à la ligne des cibles, 330 mètres.				2e SÉANCE DU 5 JUIN. Distance de la base du mouvement à la ligne des cibles, 570 mètres.				3e SÉANCE DU 9 JUIN. Distance de la base du mouvement à la ligne des cibles, 760 mètres.			
	Nombre de tireurs	Balles tirées.	Balles mises.	Pour 100.	Nombre de tireurs.	Balles tirées.	Balles mises.	Pour 100.	Nombre de tireurs.	Balles tirées.	Balles mises.	Pour 100.
1re classe........	20	200	50	25,0	20	200	40	20,0	20	200	40	20,0
2e classe........	20	200	40	20,0	20	200	30	15,0	20	200	30	15,0
3e classe........	34	340	40	11,8	30	300	36	12,0	32	320	32	10,0
Totaux et moyennes.	74	740	130	17,6	70	700	106	15,1	72	720	102	14,2

FEUX DE DEUX RANGS, PAR RANG, ET DE PELOTON

ESPÈCE DE FEUX.	Date des séances.	Distances de tir.	Nombre d'hommes.	Balles tirées.	Balles mises.	Pour 100.
FEUX DE DEUX RANGS........	15 Juin	300 m.	70	420	250	59,5
	20 id	400	72	432	200	46,3
	25 id	500	71	426	150	35,2
Totaux et moyennes......				1278	600	46,9
FEUX PAR RANG........	15 Juin	300	70	140	60	42,9
	20 id	400	72	144	50	34,7
	25 id	500	71	142	40	28,2
Totaux et moyennes......				426	150	35,2
FEUX DE PELOTON........	15 Juin	300	70	140	60	42,9
	20 id	400	72	144	48	33,3
	25 id	500	71	142	36	25,4
Totaux et moyennes......				426	144	33,8

Tireurs de 1.re classe admis aux concours du bataillon.

N.os d'ordre.	NOMS	GRADES	Balles tirées.	Balles mises.	N.os d'ordre.	NOMS.	GRADES.	Balles tirées.	Balles mises.
	Sous-officiers								
3	*Fournes*	*Sergent*	*60*	*48*	*28*	*Michaud*	*Chasseur*	*60*	*45*
	Caporaux et aux Soldats								
1	*Montaigu*	*Chasseur*	*60*	*55*	*29*	*Guy*	*id.*	*60*	*44*
3	*Macornay*	*id*	*60*	*52*					
4	*Sellières*	*id*	*60*	*51*					

Prix de tir gagnés par la compagnie

	NOMS.	GRADES.
1.er Prix *de tir du bataillon*	*Montaigu*	*Chasseur*
1.er Prix *de tir des sous officiers*	"	"
2.e Prix *idem*	*Fournes*	*Sergent*
1.er Prix *des caporaux et soldats*	"	"
2.e Prix *idem*	"	"
3.e Prix *idem*	*Montaigu*	*Chasseur*
4.e Prix *idem*	*Macornay*	*id.*
5.e Prix *idem*	*Sellières*	*id.*
6.e Prix *idem*	*Lémonnier*	*Jeune soldat.*

Vincennes, le 1.er Septembre, 1848.

Le Sergent-instructeur de Tir, *Le Commandant de la compagnie*

Le Commandant du bataillon.

Livret de Tir de Bataillon :

8e BATAILLON DE CHASSEURS A PIED.

Résultats généraux du tir de l'année 1848.

SOUS-OFFICIERS.																	
		CLASSES DE 1re FORMATION.								CLASSES DE 2e FORMATION.							
Nos des compagnies	Nos des classes.	Nombre de tireurs.	Totaux des tireurs.	Nombre de balles tirées.	Totaux des balles tirées.	Nombre de balles mises.	Totaux des balles mises.	Pour 100	Pour 100 moyen.	Nombre de tireurs.	Totaux des tireurs.	Nombre de balles tirées.	Totaux des balles tirées.	Nombre des balles mises.	Totaux des balles mises.	Pour 100	Pour 100 moyen.
1re	1	5	7	140	192	80	105	57,1	54,7	3	7	176	412	100	185	56,8	44,9
	2	2		52		25		48,1		2		120		50		41,7	
	3	0		0		0		0,		2		116		35		30,2	
2e	1	3	7	80	188	60	115	75,0	61,2	2	7	116	408	88	204	75,9	50,0
	2	3		84		45		53,6		4		240		100		41,7	
	3	1		24		10		41,7		1		52		16		30,8	
3e	1	1	6	28	160	20	78	71,4	48,7	1	6	60	348	45	129	75,0	37,1.
	2	3		80		38		47,5		2		120		50		41,7	
	3	2		52		20		38,5		3		168		34		20,2	
8e	1	2	7	56	188	40	60	71,4	31,9	1	7	60	404	40	95	66,7	20,0
	2	0		0		0		0,		1		60		25		41,7	
	3	5		132		20		15,2		5		284		30		10,6	
Totaux et moyennes.			54		1472		802		54,5		54		3296		1360		41,5

Nos des compagnies.	Nos des classes.	CAPORAUX ET ANCIENS SOLDATS. Classes de 1re formation. Nombre de tireurs.	Totaux des tireurs.	Nombre de balles tirées.	Totaux des balles tirées.	Nombre de balles mises.	Totaux des balles mises.	Pour 100.	Pour 100 moyen.	Classes de 2e formation. Nombre de tireurs.	Totaux des tireurs.	Nombre de balles tirées.	Totaux des balles tirées.	Nombre de balles mises.	Totaux des balles mises.	Pour 100.	Pour 100 moyen.
1re	1	20		560		320		57,1		15		900		500		55,6	
	2	30	70	800	1912	380	848	47,5	44,4	25	70	1480	4140	620	1630	41,9	39,4
	3	20		552		148		26,8		30		1760		510		29,0	
2e	1	15		420		250		59,5		10		600		400		66,7	
	2	15	72	416	1936	200	790	48,1	40,8	15	72	900	4240	390	1110	43,3	26,2
	3	42		1100		340		30,9		47		2740		320		11,7	
8e	1	25		700		450		64,3		20		1200		800		66,7	
	2	10	73	276	1976	180	780	47,1	39,5	12	73	708	4308	330	1880	46,6	48,6
	3	38		1000		200		20,0		41		2400		750		31,2	
Totaux et moyennes..			568.		15520		6480		41,8		566		33600		12131		36,1
JEUNES SOLDATS.																	
	1	40		1120		700		62,5		30		1800		1200		66,7	
	2	30	140	840	3920	400	1780	47,6	45,4	30	140	1800	8400	800	3200	44,4	38,0
	3	70		1960		680		34,7		80		4800		1200		25,0	

Récapitulation des résultats obtenus dans le tir à la cible, par les sous-officiers, les caporaux, les anciens et les jeunes soldats.

Sur 45296 balles tirées, 16691 dans le but : 36,8 pour 100.

FEUX DE TIRAILLEURS.

N.os des compagnies.	N.os des classes.	1.re distance de 330 mètres. Balles tirées	Totaux des balles tirées	Balles mises	Totaux des balles mises	Pour 100	Pour 100 moyen.	2.e distance de mètres. Balles tirées	Totaux des balles tirées	Balles mises	Totaux des balles mises	Pour 100	Pour 100 moyen	3.e distance de mètres. Balles tirées	Totaux des balles tirées	Balles mises	Totaux des balles mises	Pour 100	Pour 100 moyen.
CAPORAUX ET ANCIENS SOLDATS.																			
1.re	1	150		48		32,0		140		42		30,0		150		45		30,0	
	2	250	700	60	168	24,0	24,0	230	670	30	117	13,0	17,5	250	700	50	165	20,0	25,6
	3	300		60		20,0		300		45		15,0		300		70		23,3	
2.e	1	100		30		30,0		100		40		40,0		100		33		33,0	
	2	150	720	40	140	26,7	19,4	140	700	40	170	28,6	24,8	150	700	40	123	26,7	17,6
	3	470		70		14,9		460		90		19,6		450		50		11,1	
3.e	1	200		60		30,0		200		60		30,0		200		60		30,0	
	2	120	730	30	140	25,0	19,2	120	720	30	160	25,0	22,2	100	700	20	140	20,0	20,0
	3	410		50		12,2		400		70		17,5		400		60		15,0	
Tot. et moyennes			5680		1459		25,7		5600		1122		20,0		5550		1045		81
JEUNES SOLDATS.																			
	1	300		90		30,0		300		87		29,0		300		84		28,0	
	2	300	1400	75	285	25,0	20,4	300	1400	69	256	23,0	18,3	300	1400	63	247	21,0	17,6
	3	800		120		15,0		800		100		12,5		800		100		12,5	

Récapitulation des résultats obtenus par les caporaux, les anciens et les jeunes soldats dans les feux de tirailleurs.

Sur 21030 balles tirées 4419 dans le but: 21,0 pour 100.

N^{os} des compagnies	Distances de tir.	FEUX DE DEUX RANGS.						FEUX PAR RANG.						FEUX DE PELOTON.					
		Balles tirées.	Totaux des balles tirées.	Balles mises.	Totaux des balles mises.	Pour 100.	Pour 100 moyen.	Balles tirées.	Totaux des balles tirées.	Balles mises.	Totaux des balles mises.	Pour 100	Pour 100 moyen.	Balles tirées.	Totaux des balles tirées.	Balles mises.	Totaux des balles mises	Pour 100	Pour 100 moyen.
1re	300	420	1254	300	750	71,4	59,8	140	418	75	130	55,6	45,5	140	418	72	183	51,4	43,8
	400	420		250		59,5		140		65		46,4		140		60		42,9	
	500	414		200		48,3		138		50		36,2		138		51		37,0	
2e	300	432	1290	301	745	69,7	57,8	144	430	70	188	48,6	43,7	144	430	68	183	47,2	42,6
	400	426		254		59,6		142		67		47,2		142		63		44,4	
	500	432		190		44,0		144		51		35,4		144		52		36,1	
8e	300	438	1308	310	780	70,8	59,6	146	436	80	211	54,8	48,4	146	436	75	208	51,4	47,7
	400	438		260		59,4		146		71		48,6		146		71		48,6	
	500	432		210		48,6		144		60		41,7		144		62		43,1	
Tot. et moyennes			10320		6042		58,5		3440		1531		44,5		3440		1480		43,0
JEUNES SOLDATS.																			
	300	840	2520	604	1338	71,9	53,1	280	840	180	421	64,3	50,1	280	840	181	426	64,6	50,7
	400	840		531		63,2		280		141		50,4		280		140		50,0	
	500	840		203		24,2		280		100		35,7		280		105		37,5	

Récap. *des résultats obtenus par les caporaux, les anciens et les jeunes soldats, dans les feux de 2 rangs, par rang, et de peloton.*

Sur 21400 balles tirées, 11238 dans le but : 52,5 pour 100.

Liste des tireurs de 1re classe admis aux concours du bataillon.

CONCOURS DES SOUS-OFFICIERS.

Nos d'ordre.	NOMS.	Grades.	Compagnies.	Balles tirées.	Balles mises.	Nos d'ordre.	NOMS.	Grades.	Compagnies.	Balles tirées.	Balles mises.
CONCOURS DES CAPORAUX & SOLDATS.											

Liste des tireurs ayant gagné les prix.

DÉSIGNATION DES PRIX.	NOMS.	GRADES.	COMPAGNIES.
1er Prix *de tir du bataillon*..............			
1er Prix *des Sous-Officiers*..............			
2e Prix *id.*			
1er Prix *des Caporaux et Soldats*..............			
2e Prix *id.*			
3e Prix *id.*			
4e Prix *id.*			
5e Prix *id.*			
6e Prix *id.*			

Oran, le 28 Septembre, 1848.

Le Lieutenant-instructeur de tir.

OBSERVATIONS.

Le Commandant du bataillon.

BIBLIOTHÈQUE IMPÉRIALE IMPR.

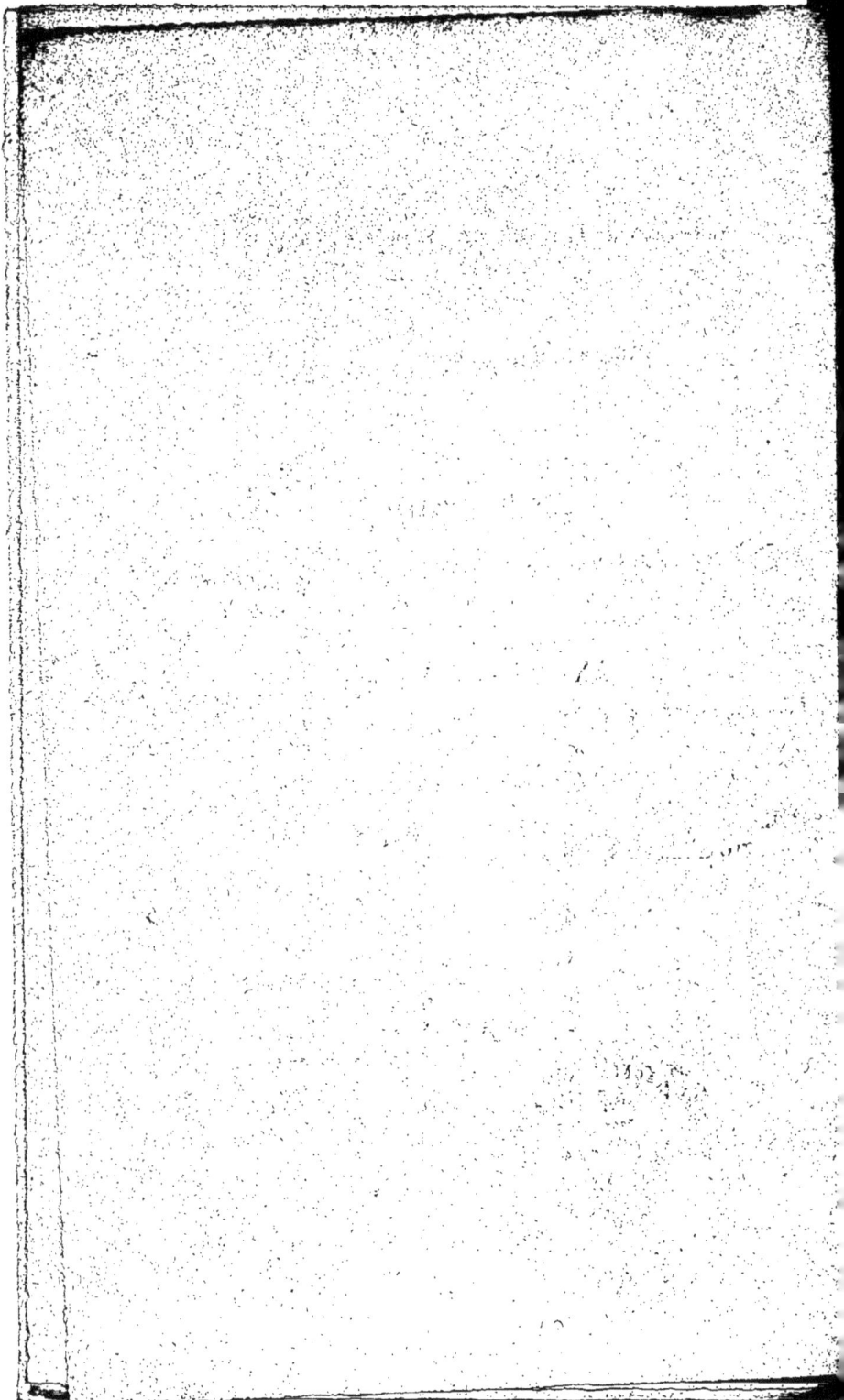

TABLE DES MATIÈRES.

INSTRUCTION SUR LE TIR.

TITRE PREMIER.

BASES DE L'INSTRUCTION DE TIR DANS LES BATAILLONS DE CHASSEURS A PIED.

PREMIÈRE PARTIE.

DEUXIÈME PARTIE.

TROISIÈME PARTIE.

TITRE II.

THÉORIE DU TIR.

PREMIÈRE LEÇON.

DEUXIÈME LEÇON.

TITRE III.

THÉORIE ET PRATIQUE DE L'APPRÉCIATION DES DISTANCES.

TITRE IV.

PRATIQUE DU TIR.

PREMIÈRE LEÇON.

DEUXIÈME LEÇON.

TROISIÈME LEÇON.

QUATRIÈME LEÇON.

TITRE V.

NOTIONS COMPLÉMENTAIRES.

CHAPITRE PREMIER.

CHAPITRE DEUXIÈME.

CHAPITRE TROISIÈME.

CHAPITRE QUATRIÈME.

FIN DE LA TABLE.

Paris. — Typ. de Beaulé et Cie, r. Jacques de Brosse.

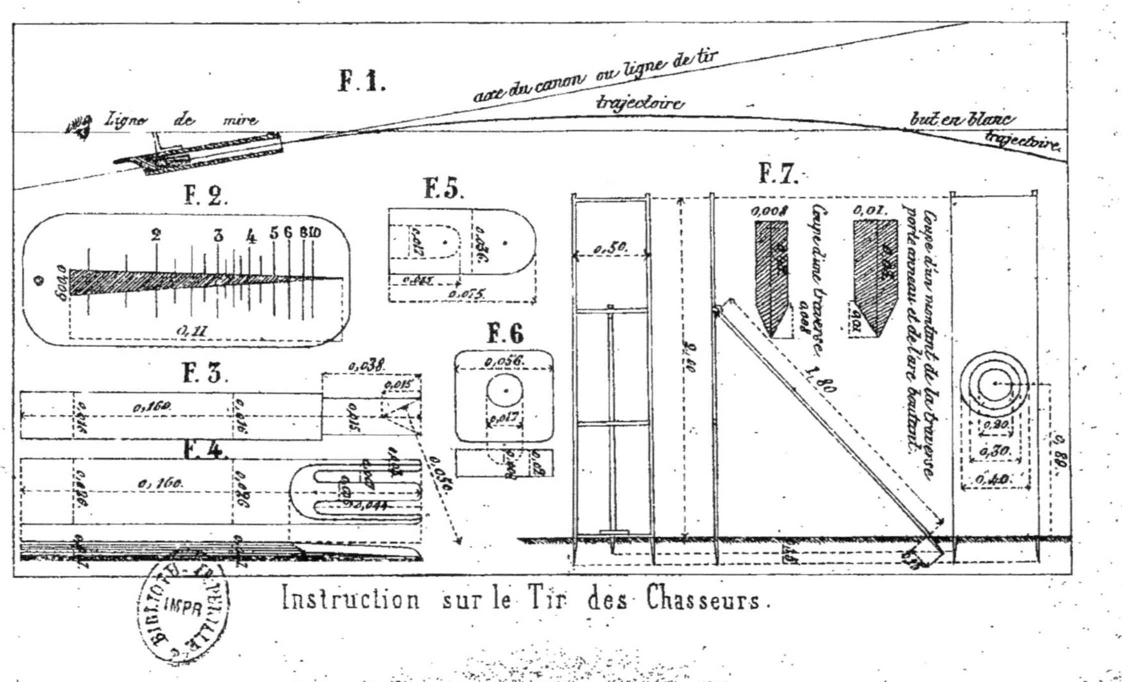

Instruction sur le Tir des Chasseurs.

BIBLIOTH. - IMPR

www.ingramcontent.com/pod-product-compliance
Lightning Source LLC
Chambersburg PA
CBHW052212270326
41931CB00011B/2318
9782019950033